BARIŞ PSİKOLOJİSİ

W0365023

BARIŞ PSİKOLOJİSİ
AKİF MANAF

© 2021, AZ Kitap
© Bu kitabın her türlü yayın hakları Fikir ve Sanat Eserleri Yasası gereğince AZ Kitap'a aittir.

T.C. Kültür ve Turizm Bakanlığı Sertifika No: 52165

AZ Kitap: 512
Bireysel Gelişim: 99

Yayın Yönetmeni: M. Endülüs Özbay
Yayın Koordinatörü: Fatih Alemdar

Baskı: Gülmat Matbaacılık
Maltepe Mah. Fazılpaşa Cad. No:8
İç Kapı No:4 Zeytinburnu/İSTANBUL
Telefon: 0212 577 79 77
Sertifika No: 49388

ISBN: 978-625-7725-99-6

1. Baskı: 2021
4. Baskı: 2025

internet: www.azkitap.com
e-mail: az@azkitap.com

AZ Yayıncılık Hiz. San. Tic. Ltd. Şti.
İkitelli Organize Sanayi Bölgesi, Heskop San. ve Tic. Mrkz.
M5 Blok, No: 77, İkitelli-Başakşehir-İSTANBUL
Tel - Faks: 0212 512 86 64

Yazar İletişim:
+90 535 234 51 66

AKİF MANAF

BARIŞ PSİKOLOJİSİ

Varoluşsal Bilgelik Serisi

13. Kitap

4. BASKI

instagram.com/akif.manaf.kitaplari/
facebook.com/akif.manaf.kitaplari/
youtube: Akif Manaf Kitapları - Books

linktr.ee/akif.manaf.books

A'dan Z'ye İyi Kitaplar

İÇİNDEKİLER

Barış Nedir?

Bu kitabın amacı, "Barış nedir?" sorusundan yola çıkarak barış olgusunun netleşmesini sağlamaktır. Kitapta yürütülen inceleme ve araştırma diyalektik, analitik, psikolojik ve fenomenolojik unsurlar içermektedir.

Evrensel bir olgu olan barış, etraflıca ele alınacak ve incelenecektir. Barış, psikolojik bir durumdur. Düşmanlığın, çatışmaların, kavgaların ve savaşların yokluğudur barış. Barış birlik, uyum, sessizlik, huzur ve bütünlük içinde yaşamaktır.

Barış olgusu hem toplumsal hem de bireysel durumları ifade etmektedir. Toplumsal düzeyde dışsal, bireysel düzeyde ise içsel çatışmaların yokluğunu vurgulamaktadır. Barış, kendisiyle barışık olan insanın duygusal durumunu gözler önüne sermektedir. Bu tür insan sakinlik, denge, ahenk ve huzur içinde bulunmaktadır.

İnsanlığın varoluşundan bu yana, barışa hep ihtiyaç duyulmuştur. Tarih boyu en zeki insanlar barış için çabalamıştır. Zira barış, insanlığın refahı ve gelişimi için vazgeçilmez bir olgudur. Toplumdaki eşitlik ve mutluluğun temelidir barış.

Dünyevi insanlar bencil ve açgözlü oldukları için ellerindekiyle asla yetinmezler. İşte barış yolundaki en büyük engeller bencillik, tatminsizlik ve açgözlülüktür. Oysaki insanlığın hayatta kalması için barış en önemli olgudur.

Aklı başında olan hiç kimse acılara neden olan savaşı istemez. Yalnızca zekâsı uyanmamış ve duygusuz kişiler savaşı barışa yeğler. Savaşların durmadan patlak verdiği bu dünyada bazıları barışı, iki savaş arasındaki bir kesinti olarak tanımlıyor.

Barış Vazgeçişi

Hiç kimse krallar veya devlet başkanları için barıştan vazgeçmek ve saçma sapan nedenler yüzünden ölmek istemez. O yüzden yetkililer, halkı savaşmaya ikna etmek için savaşı herkesin gözünde meşrulaştırmak zorundadırlar.

Günümüzde herkes savaşların sadece küresel toplumun çıkar gruplarının ceplerini doldurmak için yapıldığını bilmektedir. Artık hırslı politikacılar kimseyi "vatanseverlik" safsatalarıyla kandırarak ölüme gönderemez.

Gerçek şu ki savaşları zenginler çıkarır ve yaşar, fakirler ise savaşır ve ölür. Savaşlardan zenginler daha da zengin, fakirler ise daha da fakir olarak çıkar. O yüzden halkın fakirleşmeyi ve ölmeyi göze alması için yüce bir savaş nedenine inanması gerekir.

Barışın temel ilkesi insan evladına duyulan saygı ve sevgidir. İnsanları seven ve insan türüne saygı duyan yürek, bir bireyin eline silah alıp başkalarını öldürmesine asla izin vermez. Emir kimden gelirse gelsin ve ceza ne olursa olsun gerçek insan başkalarını öldürmek için silahlanmaz.

Yalnızca korkaklar eline silah alıp başka insanları öldürmek için savaşa gider çünkü onlar emre uymamayla ilgili cezalardan korkarlar. Peki, bir insan bu korkuyu nasıl yenebilir? Tekâmül ederek! Çünkü tekâmül eden insan kendisinin ölümlü beden olmadığını, ebedî ölümsüz varlık olduğunu bilir ve başka canlıları asla öldürmez.

Barış; sevgi, mutluluk, hak, umut, hoşgörü, emek, sorumluluk, özgürlük, farkındalık ve huzurdur. Günümüzde savaşları körükleyen emperyalist ülkeler bile savaşların neden olduğu göçten olumsuz bir şekilde etkileniyor.

Barış İşi

Günümüzde, küresel emperyalizm dünyanın dört tarafında sömürü ağlarını genişletmek için savaşlar çıkarmakta ve savaş vahşetine neden olmaktadır. Küresel toplumun çıkar grupları açlık çeken milyonlarca insana yardım etmek yerine kaynakları silah üretimine, savaşlara harcamakta ve dünya barışını tehdit etmektedir.

Olayların anlamını öğrenme güdüsü neticesinde insan evladı, barışın ne anlama geldiğini merak ediyor. Peki, nedir barış? Barış, bir barışma işidir. Savaş sonrası devam eden sulh sürecidir.

Uyum ve karşılıklı anlayış ile oluşturulan ortamdır barış. Herkes barış içinde yaşamak ister ama savaşlar bitmek bilmez. Ama neden? Hırslı ve bencil siyasetçiler yüzünden. Çünkü çıkardıkları savaşlarda onlar ölmez.

Şayet yeryüzünde herkesin önceliği barış olursa ve herkes çevresiyle barış yaparsa barış bozulmaz. Bir insan iç barışa sahip olursa çevresiyle de barış içinde olur. O zaman tekâmül sayesinde herkes barışsever olur.

Barış, barışma eylemidir ve insanlar birbirleriyle savaşmayıp iyi geçinince barış veya sulh durumu ortaya çıkar. Savaşı devre dışı bırakan bir durumdur barış. Genellikle ülke içindeki sınıf uzlaşmazlıkları, dış ülkelere karşı düşmanlıklara ve savaşa dönüşür çünkü egemen sınıflar, politikalarını yürütebilmek için savaşa başvurur.

Günümüzde kapitalist ülkeler eşit seviyede gelişmiş değildir. Neticede dünyanın yeniden paylaşımı sık sık gündeme gelmekte ve savaşlar patlak vermektedir. Hırslı ve açgözlü politikacılar tarafından, barış sürekli olarak tehdit altında tutulmakta ve bozulmaktadır.

Barış İlkesi

Barış, yalnızca tekâmül eden ve farkındalığı yüksek olan toplumda kalıcı olarak sağlanabilir. Zira tekâmülün özünde barış vardır. Barış, tekâmül eden toplumdaki ilişkilerin temel ilkesidir. Ayrıca "barış için savaş" olgusu son derece anlamsızdır çünkü barış için savaşmak değil, tekâmül etmek gerekir.

Yani insanlar silahlanma ve savaş politikaları ile savaşmamalı, onlara barış içinde direnmelidir. Nükleer savaşa karşı savaşmak, savaşın gerçekleşmesini hızlandırmak demektir. Tekâmül eden insanlar barış içinde yan yana yaşamayı öğrenir.

Şayet insanlar tekâmül ederse gerçekten barışsever hâle gelir ve dünya savaşı toplumsal yaşamdan silinip atılır. Yalnızca tekâmül sayesinde barışsever tüm güçler, birlik ve dayanışma içinde hareket edebilir.

Yeryüzünde hırslı ve açgözlü politikacılar var olduğu sürece, bir dünya savaşı olasılığı her zaman var olacaktır. Bazı ideologlar savaşın insanın mayasından kaynaklandığını iddia etmektedir. Oysaki savaş, sınıflar arası çatışmaların dışa vurumudur.

Gerçek şu ki insan evladının barış özlemi hiçbir zaman yok olup gitmez. Aslında çatışmalara neden olan toplumsal ilişkiler savaşı doğurmaktadır. Yapılması gereken tek şey, bu çatışmaları barış yoluyla çözümlemektir.

Esasında insanlığın hayatta kalması için barış vazgeçilmezdir. Aslında barış insanlığın normal durumudur, savaş ise anormal. Görünürde her savaşın kazananı ve kaybedeni var ama aslında savaşta herkes barışı kaybeder, kimse kazanmaz.

Barış Özlemi

Savaştan sonra barış, mezarların üzerinde inşa edilir ve elde edilen huzur, mezarlıkların huzurudur. Ölenler savaşın vahşetinden kurtulduğu için sevinir, yaşayanlar ise yeni savaşın dehşetinden korkarak üzülür.

Herkesin kalbi huzur ister. Bunun için de barış vazgeçilmezdir. Her an, insan ömründen bir parçacık götürür. Aslında o parçacık barış için can atar. Herkes uzun ömürlü olmak ister ama bir de bakmış ki ölmüştür.

Bu ölümün barış içinde gerçekleşmesi çok önemlidir. Bu dünyada kalıcı mutluluk imkânsızdır ama kalıcı barış bizim elimizde çünkü insan tekâmül sayesinde içsel barışa ulaşabilir. Çatışma dolu dış dünya herkesi yorar ve yalnızca iç dünyada insan hayal ettiği barışa ulaşabilir.

Günümüzün küresel toplumunda barış, tatlı bir hülya hâline gelmiştir. "Savaşın olmaması" diyerek "savaş" kelimesiyle tanımlanıyor barış. Bu, son derece acıklı bir durumdur. İnsanlık, açgözlü kurnazlar yüzünden kendisini böylesine acı bir duruma düşürmüştür.

Her geçen gün dünya, barıştan biraz daha uzaklaşıyor. Savaşsız bir dünya gerçeği gitgide daha da silikleşiyor ve ulaşılmaz bir noktada bulunuyor küresel barış. Oysaki barış içinde olmak hayati bir ihtiyaç.

Zekâsı uyanmamış bazı kişiler, savaşların daha müreffeh bir yaşam için yapıldığını söyler. Tabii ki ceplerini savaş sayesinde dolduran politik, ekonomik ve ideolojik çıkar grupları zenginleşir ama savaşta her şeyini feda eden insanlar fakirleşir.

Barış Dolu Dünya

Diğer zekâ yoksunları ise savaşta ölen askerlerin cennette yaşadığına inanır. Tabii ki bu inanç, masum insanları savaşlarda katletmek için çok kurnaz bir stratejidir. Maalesef bazı cahiller bu masallara inanır ve savaşlarda hayatlarını kaybederler.

Gerçek şu ki cennet için savaşmak değil, barışmak gerekir. Hiçbir savaşın olmadığı barış dolu dünya gerçek bir cennettir. O yüzden cennet için savaşmak sahiden aptallıktır. Kandırılıp savaşlara gönderilen askerler barış için savaştığına inanır, oysaki savaşmayı bıraktıkları an barış gerçekleşecektir.

Peki, savaşan asker bu gerçeği neden idrak edemiyor? Bunun üç nedeni var: Birincisi, asırlardır uygulanan beyin yıkama. İkincisi, cezalandırılma korkusu. Üçüncüsü, paralı askerlerin açgözlülüğü!

Yalın gerçek şu ki barış için askerin sadece savaşmaması gerekir. Her savaşın sonu barıştır. Ancak bu tür barış, zorakidir. Kaybeden acı çekerek yaralarını sarar, nefretini baskılar ve intikamı hayal eder.

Kazananlar ölülerini kahraman ilan eder, kaybedenler ise birer suçlu. Oysaki savaşta ölenlerin hepsi kucak kucağa yatar toprağın altında. Ruhları ise senelerce savaş alanlarında savaşmaya ve acı çekmeye devam eder.

Savaşta öldürülen askerin ebedî, bilinçli özü veya "ruhu" kim olduğunu unutup acı, nefret ve intikam duygularıyla dolup taşarak hayali savaşa devam eder. O, savaşın bittiğinin bile farkında olmaz ve barış nedir bilmez. İşte budur, savaş alanlarında ölen askerlerin kaderi!

Barış İçin Savaş Safsatası

Mantığa aykırı, anlamsız bir safsatadır "barış için savaş" ifadesi. Yaşamak için ölmek, zevk almak için acı çekmek, mutlu olmak için mutsuz olmak ifadeleri ne kadar anlamsızsa "barış için savaş" ifadesi de o kadar anlamsızdır.

Hırslı ve açgözlü siyasetçiler yüzünden asırlardır barış, "savaşlar arasındaki dinlence" hâline gelmiştir. Bu durumda barış sadece mağlupların savaşamayacak kadar ezilmesi ve baskı altına alınmasıdır.

Barış, savaşlar arasında bir dinlenceye dönüşünce daha büyük savaşlar ortaya çıkar. Zira geçici barış döneminde kaybedenler intikam almak için yeni bir savaşa hazırlanır. Çünkü açgözlülükten gözleri kör olmuş kişiler barışın değerini bilmez.

Bu tür cahiller ne pahasına olursa olsun kazanmak ister. Bu kişiler o kadar hırslılar ki kazanmak için ölmeye hazırdırlar. Sanki öldükten sonra zaferi kutlayabilecekler. Onlar kendilerini "cennete gitmekle" avutur.

Gerçek şu ki savaşta ölenler cehenneme gitmekten beter olur çünkü insan öldürerek ölen birey öteki dünyada asla huzur bulamaz zira acılar içinde kıvranmaya devam eder.

Fakat açgözlü krallarla iş birliği yapan hırslı rahipler insanları kandırarak savaşta ölenlerin cennete gideceklerini vadeder.

Bir katil asla cennete gidemez. Bu varoluşun dinamiklerine aykırıdır. Zira yaşam alanın yaşamı alınacak ve acı çektiren acı çekecek. Bir karıncayı öldüren bile karıncanın çektiği acıları çekmek zorunda, kaldı ki insan katili.

Barış İstikrarı

Oysaki barış; istikrar ve kalkınma dönemidir. İkinci Dünya Savaşı'ndan sonra barış muzaffer oldu fakat hırslı politikacılar bu barışı "soğuk savaşa" dönüştürdü çünkü savaş olmadan rahat edemediler. Bu nevrotik siyasetçilerin kaderidir.

Bu dönemde büyük devletler savaşmadı ama bolca nükleer silah üretti. Yani barışın bedeli atom bombalarının üretilmesi oldu. Buna yol açan kişilerin akılları hırsa o kadar teslim olmuştu ki zekâlarını kullanmaları imkânsızdı.

Dünya savaşı yoktur ama tüm dünyayı yok edecek kadar silah vardır. Barış adı altında savaş beklenmektedir. Açgözlü ve hırslı siyasetçiler yüzünden yeryüzü Üçüncü Dünya Savaşı'nın eşiğindedir. İşte bu, korkunun ve tehlikenin en büyüğüdür.

Barış, kimsenin kimseyi tehdit etmemesidir. Zira tehdit, savaşı ateşleyen kıvılcımdır. Hiç kimsenin hiç kimse üzerinde tahakküm veya baskı kurmamasıdır küresel barış. Aslında barış, hiç kimsenin hiç kimseyi sömürmemesidir.

Herkesin sevgi, saygı, takdir görmesi, emeğinin karşılığını bulması ve hiç kimsenin emeğinin çalınmamasıdır küresel barış. Esasında barış, yeryüzünde ne ezenin ne de ezilenin, ne istismar edenin ne de istismar edilenin olmasıdır.

Adil, dengeli, adaletli, insan haklarına saygı duyulan ve işsizliğin olmadığı düzendir barış. Bir toplumda ne kadar sevgi, denge, huzur, adalet, yardımseverlik, merhamet, tokgözlülük, tatminlik ve mutluluk varsa o kadar barış vardır.

Barış Habercisi

Gerçek şu ki günümüzün küresel toplumunda barışı yok eden her savaş yeni savaşları da tetikler. Aslında bir savaşın sonlangıcı başka bir savaşın başlangıcıdır ve mutlaka kaybedenler ve kazananlar ortaya çıkarır.

Barışı sekteye uğratan savaş, yıkımın ve ölümün habercisidir. Birinci Dünya Savaşı, İkinci Dünya Savaşı'na neden oldu ve İkinci Dünya Savaşı, Üçüncü Dünya Savaşı'na sebebiyet verecek. Zira küresel toplumun dinamikleri değişmezse Üçüncü Dünya Savaşı kaçınılmazdır.

Birinci Dünya Savaşı'nın sonunda bir barış ortamı meydana geldi ama bazıları yeni savaşa hazırlanmaya başladı ve İkinci Dünya Savaşı'nı gerçekleştirdi. O yüzden "Bir savaş başka bir savaşın rahmidir." sözü son derece yerindedir. Zira bir savaş başka bir savaşı doğurur.

Savaşın zıddıdır barış. İktidar hırsı, açgözlülük, bencillik, güç bağımlılığı, yetinmeme hastalığı, paylaşma yoksunluğu ve doyumsuzluk hem insanlığın hem de barışın düşmanlarıdır. Maalesef her geçen gün bu düşmanların sayısı artmaktadır.

Neticede savaşlar bitmek bilmemektedir. Savaş bitmek nedir bilmez; ta ki barış onu bitirene kadar. Barış herkesin dostudur, savaş ise düşmanı. O yüzden savaş çıkaran politikacılar insanlık düşmanıdır.

Barış varken insanlar adaletsizliğin yolunu açınca, anlaşamayınca, paylaşamayınca, uzlaşamayınca, zorbalık yapınca, şiddet uygulayınca, sabırsız olunca, haklara saygı duymayınca ve başkalarını küçümseyince savaş patlak verir.

Barış İsteği

Örneğin birisi komşusuyla anlaşamayıp kavga ettiğinde, eşine bağırdığında, çocuğunu dövdüğünde, arkadaşıyla dalaştığında, meslektaşıyla tartıştığında ve insanlardan nefret ettiğinde gelecekteki bir savaşa neden olur.

Lakin kimse bunu düşünmez ve farkında olmaz ama sen başka insanlarla her çatıştığında savaşa davetiye gönderiyorsun. Sonra da neden savaş patlak verdi diye şaşırıyorsun. İşte her gün savaş kumbarasına attığın eylem savaşa neden olur.

O yüzden savaş istemeyenler sürtüşmeye, tartışmaya, çatışmaya, kavga etmeye, dövüşmeye vs. son vermelidir. Aksi takdirde savaşın mimarı olacaklar. Bu nedenle barış isteyen herkes her düşüncesine, sözüne ve eylemine dikkat etmelidir.

Oysaki çoğu insan bütün bunların farkında bile olmayıp her düşüncesi, sözü ve eylemiyle savaşın temellerini atmaktadır. Ey insan evladı, bil ve agâh ol ki yaptıklarınla gelecek savaşın temellerini atabilir veya durdurabilirsin.

Gerçek barış öyle bir düzendir ki savaşın olmamasını sağlar. Tarafların savaşmadan sorunlarını çözmesidir barış. Uzun süre çatışma ve savaşma tehlikesinin yokluğu barışın varlığıdır.

Ne mutlu barışseverlere çünkü onlar içsel barışa erişecektir! Barış çok konuşuluyor ama sonuç olarak çokça savaşılıyor. Oysaki barış sözde değil, özde olmalıdır. İnsanlık tarihi din savaşlarıyla dolup taşmaktadır.

Barış Şiiri

Günümüzde yüz binlerce insan hâlâ din adına öldürülüyor. Oysaki dinin temeli barıştır. Buna rağmen din adına savaş çıkaranlar var. Gerçek şu ki din adına savaş çıkaranların istisnasız hepsi dinsizdir. Onlar dine ihanet eden imansızlardır.

Barış, varoluşsal bir şiirdir. Herkes barış şiirini söylerse dünyada barış egemen olur. Güzel rüyalar, sevda sözcükleri, ebeveynlerin umutları, tarlalara dökülen ter damlaları, dünyanın yüzündeki yara izlerinin kapanması, ağaçların dikilmesi, tomurcukların açması, sıcak yemeklerden tüten koku, arkadaşların kapıyı çalması, pencereden içeriye güneşin dolması, bayram sevinci, ineğin altındaki sıcak süt kovası, çocuğun okuduğu kitap, başakların fısıltısı, gün doğuşunun ışığı, geçen günün yitirilmiş değil kazanılmış olması, deliksiz uyku, iyilik alfabesi, herkesin birbirine dostça davranması, yeni bir dünyanın kurulması, ölümsüz olduğumuzu bilmek, sımsıkı kenetlenmiş eller, dünya masasında sıcak bir ekmek, sabanın toprakta izler açarak yazdığı sözcük, buğdayla yüklü bir tren, derin derin soluk alan dünyadır barış.

Barış psikolojisinin temellerini toplumdaki farklılıkları yok sayan bir barış anlayışı oluşturmaktadır. Bu psikoloji sayesinde herkesin bir arada barış içinde yaşama olasılığı doğar. Bugüne kadar psikoloji daha çok savaşa destek verme amacıyla kullanılmıştır. Artık psikolojiyi barışçıl bir dünya için kullanma zamanı gelmiştir.

Bir insan evladı tekâmül ve barış tohumudur. Lakin içsel çatışmalar yüzünden insan tekâmül etmezse tohum bir savaş zindanına dönüşür. İşte bu nedenle tekâmül etmeyen insanlarla dolup taşan dünya, barıştan yoksun kalıp bir savaş hapishanesine dönüşmüştür.

Psikolojizasyon, barış yanlısı tutumları insan psikolojisine bağlıyor. Eninde sonunda bütün insan davranışları insan psikolojisinin sonucudur. Bu nedenle insan psikolojisi olumlu yönde değişirse barış taraftarlarının sayısı da artar.

Aslında barışı getirmenin yolu insan tutumlarının değişmesidir. Tek engel tutumların pozitif yönde değişmemesidir. Zira komşusuyla kavga eden kişi barış yanlısı olabilir ama kavga ederek savaşa katkıda bulunduğunun farkında olmaz.

Barış Tohumu

Peki, tutumlar pozitif yönde nasıl değişecek ve farkındalık nasıl yükselecek? Tekâmül ederek. Bunun başka yolu yok. Başka yolu olsaydı savaşlar çoktan bitmiş olurdu ama şu an insanlık Üçüncü Dünya Savaşı'nın eşiğindedir.

Barışın yolu herkesin barış ile ilgili tutumunun ve davranışlarının değişmesinden geçer. Yani eğer insanlar barış istiyorsa düşüncelerinden, sözlerinden ve eylemlerinden savaşı, çatışmayı, kavgayı ve şiddeti çıkarmalıdır.

Bu kolay değil çünkü herkes şiddet eğilimlidir. Neden acaba? Hayatta kalmak için. Hayatta kalmak için bebek şiddetle annesinin memesini emer ve bazen memnun kalmayınca annesinin memesini ısırır.

Ayrıca ebeveyn, evladını zararlı eylemlerden uzak tutmak için şiddet uygular. Küçük çocuk ise istediğini alamayınca ebeveynini tekmeler. Görünen şu ki şiddet; insan evladının kanına, kemiğine ve iliğine işlemiş.

Peki, çözüm nedir? Tek çözüm tekâmüldür. Zira tekâmül sayesinde birey; ölümsüz olduğunu deneyimler, ölüm korkusunu aşar ve hayvan gibi hayata tutunmaz. Hayvani güdülerle hayata tutunmaktır şiddetin ve savaşların nedeni.

Bir insan yalnızca tekâmül sayesinde hayata tutunmayı bırakır çünkü dünyevi hayatın geçici ve acı dolu olduğunu idrak eder. Birey fâni hayatın arkasında ebedî varoluşun mevcut olduğunu görünce beden için savaşmayı bırakır.

Barış Gelişi

Bu bir teslimiyet olur ama zayıfların güçlülere teslimiyeti değil. Bireyin, dünyevi gücün ötesinde olan varoluşa teslimiyetidir. Bu teslimiyet sayesinde birey öylesine bir varoluşsal güce sahip olur ki herhangi bir kişiyle savaşmak ona gülünç gelir.

İşte bu tür farkındalık, teslimiyet ve bilgelik insanlığı savaşlardan arındırabilir. Aksi hâlde insanlar hayata tutunmaya, birbirlerini ezmeye, sömürmeye, kullanmaya, itmeye, dürtüklemeye vs. devam eder.

İnsan evladı ile ilgili bütün negatif ön yargılar ortadan kalkınca barış gelecek ve gelecek barış olacak. Psikolojizasyon, toplumsal bilimlerin diğer dallarıyla birlikte çalışmalıdır. Başarı şansı yüksek olan bir barış psikolojisi bütün bilim dallarından beslenmelidir.

Psikoloji barışa katkı sağlayan en önemli bilim dalıdır. Zira insan psikolojisi ve barış psikolojisi net bir şekilde anlaşılmazsa barışa asla erişilemez. Bugüne kadar savaşların devam etmesinin tek nedeni insanlığın barış psikolojisini anlamamasıdır.

Psikolojide psikolojik rahatsızlığa veya bozukluğa "patoloji" deniliyor. Gerçek şu ki "savaş hırsı", "savaşma isteği", "savaş çığırtkanlığı", "savaş yanlılığı", "savaş savunuculuğu", "savaş çıkarma eğilimi" vs. birer patolojik durumdur.

Patolojizasyon ise bütün şiddet eğilimlerinin patolojik olduğunu ilan etmektir. Tabii ki kendini savunmaya mecbur olan insan şiddet kullandığında patolojik değildir. Fakat kendini savunurken karşı tarafa gereksiz yere zarar vermek ve öldürmek patolojiktir.

Barış Tehdidi

Toplumsal çatışmaların nedeni bireylerin psikolojilerinin bozuk olmasıdır çünkü sağlıklı psikolojiye sahip olan insan, sorunları çatışmadan çözme kapasitesine sahiptir. Küresel toplumun anti-sosyal liderleri, insanların strese girmesine ve gitgide daha da paranoyak olmasına neden olur.

Barışın bozulmasının ve toplumsal çatışmaların nedeni psikolojik hastalıklar değil, insanlardaki psikolojik bozukluklardır. İnsan psikolojisi bozulunca içsel barış bozulur ve bu bozulma dışsal barışa da yansır.

Savaşlar kesinlikle psikopatolojinin sonucudur çünkü sağlıklı psikolojiye sahip olan insan ne savaş ne de savaşmak ister. Psikoloji ne zaman anormal sayılabilir? Kişi her gün kavga çıkarıyorsa anormal psikolojiye sahip demektir ve bu tutum, barış tehdididir.

Barışın toplumsal işlevi insanlara mutluluk içinde yaratıcılıklarını kullandırmak ve üreticiliklerini artırmaktır. Savaş ise kriz dönemlerinde toplumu bir araya getiren bir tutkal işlevi görür.

Bu nedenle anti-sosyal liderler kriz dönemlerinde savaş çıkararak toplumu bir araya getirmeye çalışıyor veya sözde "terör" ya da "darbe" olaylarını tasarlayarak gündemi değiştirmeye ve iktidarda kalmaya çabalıyorlar.

Toplumsal kurumların barışçıl değil, büyük ölçüde savaşçıl temellere sahip olması barışın bozulacağının belirtisidir. Mesela toplumda resmî olarak yeni silahlı örgütlerin kurulması ve uluslararası silah kaçakçılığı suçlarının işlenmesi barışın bozulduğuna dair işaretlerdir.

Barış Konusu

Küresel toplumun egemen güçleri, insanların itaatkâr olmasını istediğine göre ana-akım psikoloji ağırlıklı olarak uyumlu olma davranışlarına odaklanmış durumdadır. Bu arada barışçıl ve uyarlı davranışlar barış psikolojisi için kilit önemde.

Egemen güçler insanların barışçıl olmasını ve böylece onların sömürüsüne karşı koymamasını ister. Diğer taraftan açgözlü politikacılar savaş çıkarmak için çabalar. Fakat insanlar barışçıl olunca savaşmak istemez.

Böylece savaş yanlısı egemen güçler kendi mezarını kazar çünkü barışçıl insanları savaşa gönderemez. Bu arada barış için mücadele edenler dolaylı yollarla savaşı körükler çünkü barış için mücadele değil, dayanışma gerekir.

Barış yaşamsal bir konudur ve bu konu üzerine yoğunlaşmayan insan, gerçekten yaşamayan insandır. Günümüzün küresel toplumunda her adımda çatışmalarla karşılaşabiliriz. Neden acaba? Çünkü tekâmül etmeyen insan bencilleşmekte ve çatışmalara girmektedir.

Günümüzde bireyler arası, grupla birey arası, devletle vatandaş arası, devlet bölümleri arası, gruplar arası, taraftarlar arası, sınıflar arası, kuşaklar arası, siyasetler arası, dinler arası, partiler arası, uluslar arası vb. çatışmalar sürekli ortaya çıkmaktadır.

İşte bütün bu çatışmalar barış düşmanıdır. Buna rağmen çatışma tüm toplumsal ilişkilerin bir gerçeğidir ve her an meydana gelebilir. Gerçek barış, çatışmaların olmaması demektir. Çatışmasız bir hayat kölelik demek değildir, anlayışın ve uzlaşmanın ön planda olduğu hayattır.

Barış Düşmanı

Çatışmaların olmaması için herkesin birbirinin tıpkısı olması gerekmez, herkesin anlayışlı ve farkındalıklı olması gerekir. Gerçek barış, toplumdaki farklılıkları yok sayan bir barış değildir.

Barış psikolojisi herkesin çatışmadan bir arada yaşama olasılığına vurgu yapar. Aslında her ölçekte barışı hedeflemelidir barış psikolojisi. Çünkü toplumdaki her birey tekâmül ederse sınıflar arası barış gerçekleşebilir.

Fiziksel, zihinsel, duygusal ve ruhsal psikolojik çatışma türleri vardır. Genelde fiziksel çatışma, diğer çatışma türlerine göre daha görünürdür. Fakat fiziksel çatışmanın temelinde zihinsel, duygusal ve ruhsal çatışmalar yatmaktadır.

Gerçek barış psikolojisi bütün çatışma türlerine odaklanmalıdır. Esasında fiziksel çatışma barışsızlığın bir sonucudur ve barışı sona erdirebilen bir nedendir. O yüzden fiziksel şiddeti önleyecek adli önlemlerle birlikte şiddetin köklerini kurutacak tekâmülsel faaliyetler de icra edilmelidir.

Aslında fiziksel şiddet, barışı sona erdiren hastalığın sadece bir belirtisidir. Hastalığın kendisi ise açgözlü politikacıların ceplerini doldurmak için savaş çıkarma eğilimidir. Bu açgözlü yaratıklar önce iç savaş, sonra da dış savaş çıkarma peşindedir.

Barışı sağlamak için barış psikolojisi her türlü çatışmanın ölçeğini, türünü ve nedenini ayrıntılı bir şekilde incelemelidir. Yalnızca o zaman barışı sona erdiren toplumsal soruna, doğru tanı koyulabilir.

Barış Hedefi

Barışın sona ermesine neden olan toplum, "hasta toplum"dur. İşte "hasta toplum" ifadesi, tanısı konmuş sorundur. Peki, çözüm nedir? Tek çözüm tekâmüldür! Zira yalnızca tekâmül sayesinde insan yenilenerek barışçıl bir bireye dönüşebilir.

Mesela yeni doğmuş bebek barışçıldır çünkü aksi takdirde hayatta kalamaz. Annesiyle savaşan bebeğin hayatta kalması imkânsızdır. Bebek annesiyle uzlaşmak ve barış içinde yaşamak zorundadır. Bu, ölüm kalım meselesidir.

O yüzden bebek gibi barışçıl olmak için birey yeniden doğmalıdır. Ama nasıl? Tekâmülün rahmine girerek! İşte tekâmül yolcusu, tekâmül rahmine girer ve yeniden, ikinci kere doğar. Bu ikinci kere doğmuş birey, bir bebek gibi barışçıl olacaktır.

Barış için toplumsal dayanışma ve bağlanma son derece önemli bir olgudur. Yeryüzünde her gün yeni çatışmalar patlak verdiği için çatışmasızlık bir çözüm değil, çözüm çatışma yönetimidir. Farklılıklar yüzünden çatışmalar kaçınılmaz olduğu için çatışmalar yumuşak zemine çekilmeli, yönetilmeli ve nihayetinde çözülmelidir.

Barış karşıtı yani savaş taraftarı, ötekiler üstünden "bizliklenme" sürecinden yararlanmaktadır. İç politikada daha fazla destek almak için tarafların farklılıkları vurgulanmaktadır. O yüzden barış taraftarları benzerliklerin altını çizmelidir.

Savaş çığırtkanlarının barışı bozmak için kullandıkları bir strateji de "insandışılaştırma" eylemidir. Bu stratejide karşı tarafın insanî yanları arka plana atılmakta ve kişiler doğma büyüme canavarmış gibi gösterilmektedir.

Barış Muzafferliği

Barışa aykırı olan bu strateji soykırıma davetiye çıkarmaktadır. Yozlaşmış, açgözlü politikacıların amacı savaş çıkarmak olduğu için taraflar arasındaki farklılıkları vurgularlar. Oysaki barış için benzerliklerin altı çizilmelidir. Ayrıca bir tarafı her anlamda suçlamak ve kutuplaşmaya neden olmak barışı bozmanın en kesin yoludur.

Hırslı, yozlaşmış politikacılar bir ülkede savaşı işlevsel hâle getirmek için kendi savaşçıl kurumlarını inşa eder. Neticede savaş eğilimi tüm topluma nüfuz eder ve kök salar. Gitgide aile, okul, medya, hukuk vb. kurumlar savaşçıl hâle gelir.

İşte barışın muzaffer olması için bu kurumlar dönüştürülmelidir. Savaşı kışkırtan ayrımcılık ve ön yargılar çöpe atılmalıdır. Yozlaşmış politikacıların neden olduğu devlet şiddeti cezasız kaldığında kurumsallaşmakta ve şiddetin artmasına neden olmaktadır.

Devlet mensuplarının cezasız şiddet uyguladığını gören vatandaş eline silah alıp şiddet uygulamaya başlar ve sonuç, iç savaş olur. Çocuklukta şiddete maruz kalan bireyler savaş kurumlarının içselleştirilmesini kolaylaştırmaktadır.

Çocukluk döneminde çevresinden şiddet gören birey büyüyünce çevresinden intikam almak ister. Kişi uygulayacağı şiddeti meşrulaştırmak için polis veya asker olur ve şiddet uygulamak için fırsat kollar.

Bununla birlikte savaş koşullarında yaşayan çocuklar yetişkinliklerinde barış yanlısı olabilir. Yani barış ortamında şiddet görmek ile savaş ortamında şiddet görmek arasında farklılıklar var ve insan psikolojisini farklı şekilde etkiler.

Zira savaş ortamında uygulanan şiddet daha kolay meşrulaştırılabilir.

Barış Süreci

Gerçek barış süreci, halklar arası kardeşlik ve dayanışma duygularının geliştirilmesine dayanmaktadır. Siyasetçiler arası diyaloglar barışa fazla katkıda bulunamaz çünkü bu tür diyaloglar bencil çıkarlar üzerine kurulmaktadır.

Siyasetçiler arasındaki diyaloglar "ulusal güvenlik" gerekçesiyle halklardan gizli tutulur ama asıl neden bu diyalogların çıkar pazarlığı olmasıdır. Aslında hırslı ve açgözlü siyasetçiler barışı umursamaz sadece kendi çıkarlarını umursar.

Ayrıca savaşçıl kurumlar sürekli savaş çıkarmaya çalışır çünkü aksi takdirde işsiz kalır. Örneğin, tüm dünyada kalıcı barış meydana gelirse ordulara ve komutanlara ihtiyaç kalmaz. İşte işsiz kalmamak için komutanlar sürekli savaş çıkarma peşindeler.

Siyasetçiler halkları temsil etme iddiasındadır. Buna rağmen çıkarılan bütün savaşlardan halklar değil, siyasetçiler sorumludur. Onlar halk adına savaş çıkarır ama savaşta ölen onlar değil, halktır. O yüzden ölmeyeceğini bilerek savaş çıkarmak çok kolaydır.

Günümüzde siyasetçiler ile halklar ve devlet ile yurttaş arasındaki çatışmalar iç içe geçmiştir. Egemen güçlerin istediği türden barış, sömürüyü destekleyen barıştır. Halklar sömürüye karşı çıkınca egemen güçler savaş çıkarır.

Gerçek bir demokratik düzende, siyasetçiler halkları temsil eder. Lakin demokratik olmayan bir düzende, siyasetçiler egemen güçler için çalışır. Kararlar halka sorulmaz ve savaşlar halkın izni olmadan başlatılır. Yani siyasetçiler halktan bağımsız olarak hareket eder ama savaşlarda siyasetçiler değil, halk ölür.

Barış Olanağı

Savaşın durdurulmasında ve barış yolunun açılmasında ateşkes önemli bir rol oynamaktadır. Ateşkes, savaşın durdurulması ve barış yollarının aranması demektir. Fakat her ateşkes barış ile sonlanmayabilir.

Kana susamış açgözlü taraf, savaşı devam ettirmek ister. Aslında ateşkes barış ile sonlanabilen bir pazarlıktır. Zira savaşı çıkaran açgözlü politikacıların tüm amacı ceplerini doldurmaktır.

Ateşkes, barış olanağı sunar ama her zaman barışla sonuçlanmaz. İnsanlık tarihinde ateşkeslerin çoğu savaşın devam etmesiyle sonuçlanmıştır. Zira ateşkes sırasında taraflar birbirlerinin ne kadar güçlü ve savaşmaya kararlı olduğunu anlamaya çalışırlar.

Barış, savaşçıl kurumların yerini barışçıl kurumların almasını gerektiren bir süreçtir. Bu arada taraflar barış değil, sadece ateşkes peşinde olabilir. Zira zaman kazanmak veya başkalarından destek almak isterler.

Şayet ateşkes sadece bir oyalama taktiği ise taraflar arasındaki karşılıklı güven sarsılır. Ateşkesin barışa evrilmesi için barış isteyenlerin baskısı artmalı ve taraflar savaşarak kazandıklarından daha çoğunu kaybedeceklerini anlamalıdır.

Barış inşasında herkese eşit davranmak son derece önemlidir. Tarafların kayıpları küçümsenmemelidir. Barış, pragmatik gerekçelerle savunulmalı ve kalıcı bir etki bırakmalıdır.

Barış İnşası

Barışın sağlam zeminde inşa edilmesi için öz eleştiri çok önemlidir. Barışçıl bir toplum kurmak için barış psikolojisinin ana hatlarını çizmeye devam ediyoruz. Barış psikolojisinin barış sürecindeki rolüne değinmeyi sürdüreceğiz.

Bu kitapta sunulanların uygulamaya dökülmesiyle barışçıl bir toplumun oluşumu için önemli bir katkı sağlanmış olacaktır. Şu an barış psikolojisi yolculuğuna çıkmış durumdayız. İki tür barış var – "negatif barış" ve "pozitif barış".

"Negatif barış" savaşın yokluğu demektir. Bu, kısıtlı bir barış türüdür. "Pozitif barış" ise anlayış, şiddetsizlik, eşitlik, adalet ve hak demektir. Barış, insanlık için en önemli ilgi alanıdır çünkü barış olmazsa insanlık da olmaz.

Toplumsal barış yalnızca toplumsal tekâmül sayesinde mümkündür. Tekâmül ebedî özün, ebedî öz aracılığıyla ebedî öze yolculuğudur. Gerçek şu ki mutlak barışın tek kaynağı, dayanağı ve zemini herkesin bedenindeki ebedî özdür.

Bir toplumdaki farklı insanların sahip oldukları özellikleri yüzünden ön yargılara maruz kalmadan, uyum ve uzlaşma içinde yaşadıkları durumdur toplumsal barış. Yeryüzündeki herkes bedeli ne olursa olsun bu durumun tüm dünyada hayat bulması için elinden gelen çabayı göstermelidir.

Barış ve savaş, her daim insanlığın gündeminde olmuştur. Barış inşasında en önemli şey savaşın önlenmesidir. Bugüne kadar insanlar önce savaş çıkarıp sonra onu barışa bağlamaya çalışmıştır.

Barış Yolculuğu

Oysaki en zeki yaklaşım, savaşı önlemek ve ortaya çıkmasını engellemektir. Bu arada tam yirmi sene süren Vietnam Savaşı'nda hırslı politikacılar psikolojiyi karşı taraf askerlerinin bertaraf edilmesi için bir harp tekniği olarak kullanmıştır.

İnsanların zekâsı o kadar gerilemiş ki bazıları savaşın katkılarından söz etmektedir. Tabii ki bu kişiler birer satılık insanlık düşmanıdır. Zira savaş yalnızca çıkar gruplarının ceplerini doldurmaktadır ve onlar satın aldıkları alçaklara, savaşı öven yazılar yazdırmaktadır.

Günümüzün küresel toplumunda sistem kaynaklı eşitsizliklerin meşrulaştırılması yüzünden barış hâli bozulmakta ve insanlar barış hâlinden her geçen gün daha da uzaklaşmaktadır. Barışın sağlanması için herkes bu sistemsel eşitsizlikten doğan adaletsizliğin farkına varmalıdır.

Bu farkındalık, sistem kaynaklı eşitsizliklerin meşrulaştırılmasının önlenmesine yardımcı olacaktır. Barış psikolojisi bireysel ve toplumsal şiddetin önlenmesi ve azaltılmasına yönelik teorik ve pratik uygulamalar geliştirmektedir.

Barışın korunması, sağlanması ve inşa edilmesi için şiddeti önleyici tedbirler çok önemlidir. Ayrıca çatışma yönetimi ve çözümü için barış içerikli adımlar atılmalıdır. Bütün çatışmalar, barış psikolojisi ekseninde değerlendirilmelidir.

Günümüzde çatışmalar bireysel ve toplumsal düzeyde gerçekleşmektedir. Peki, toplumsal çatışmalar nasıl önlenebilir? Bireysel çatışmaları önleyerek! Bu nedenle her birey içsel ve dışsal çatışmalarının farkında olmalı ve onları sona erdirmelidir.

Barış Dönemi

Asırlardır insanlık sadece iki dönem yaşadı: Birinci dönem, savaş ve katliam dönemi. İkinci dönem, "barış" adı altında savaşa ve katliama hazırlık dönemi. Yüzyıllardır insanlık bu iki dönemden geçmekte ama bu arada sürekli barış hakkında konuşulmaktadır.

Çağlardır barış hakkında konuşulanlar insanlığı bir türlü barışa ulaştıramadı. O yüzden bütün konuşulanlar çöpten başka bir şey değil. Yoksa kalıcı barış çoktan inşa edilmişti. Zira açgözlü politikacıların barış hakkındaki konuşmaları soğuk savaşa neden oldu.

Yani ikiyüzlü politikacılar sürekli barıştan konuştu ama inşa ettikleri "soğuk savaş" oldu. Gerçek şu ki hırslı politikacıların savaşa hazırlanmak için zamana ihtiyacı vardı ve barış hakkında konuşarak sadece savaşa hazır olmak için zaman kazanıyorlardı.

Bu açgözlü politikacıların tek amacı savaş çıkarmaktır ve barış hakkında konuşmalar sadece niyetlerini saklamak için bir paravandır. İnsanlık tarihi tartışmalar, sürtüşmeler, kavgalar, çatışmalar, dövüşmeler ve savaşlar yüzünden baştan sona nevrotik bir olgudur.

Neden acaba? Çünkü küresel toplumda ego, bencillik ve güç yüceltiliyor. Süper kahramanlar takdir ediliyor ve çocuklar güçlü süper kahraman olmak istiyor. Sokakta kötü kişiyi yere seren güçlü kişi, kahraman ilan ediliyor ve takdir görüyor.

Kötü kişiyi bir darbeyle yenen güçlü kahramanı takdir edenler de şiddet dolu savaş yanlısıdır. İşte savaş yanlısı olmak nevrotik ve tehlikeli olmak demektir. Gerçek şu ki kimse güçsüzü takdir etmez çünkü derinlerde herkes güçlü olmak ister.

Barış Çağrısı

Görünürde kötü olanı yenen güçlü, adaleti sağlamış olur. Ama bu arada şiddet uygulanıyor ve savaşa çağrı yapılıyor. Ancak kişinin elinde ateşli silah varsa güçlü olması gerekmez sadece antrenmanlı olması yeterlidir.

Başkaca "iyi" ve "kötü" kavramları görecelidir. Herkes silahını çekip "kötü" olduğunu düşündüğü insanı öldürürse toplum nereye varacak? Kaos ve savaşa sürüklenecek. Buna rağmen kavga eden herkes kazanmak ister – kas gücüyle olmasa da silah gücüyle.

Bir insan güçlüyü takdir ettiği zaman onu idealleştirir. Yani kişi güçlü olan gibi olmak ister. Zira güçlü olmak başkalarını yenmek demektir. Ama o zaman hem güç hem şiddet hem savaş hem de ölüm yüceltiliyor.

Zira gücün uygulanması şiddete ve ölüme neden olabilir. Çünkü öldüren güçlü olandır. Gerçi bazen zayıf da öldürebilir. Mesela güçlüyü zehirleyerek. Ama o zaman öldüren zayıf, kendini güçlü hisseder.

O yüzden bazen insanlar sırf güçlü hissetmek için öldürür. Gerçek şu ki başkasını öldüren kendisini de öldürür.

Başkasının bedenini öldürür, kendisinin ise psikolojisini. Bu nedenle bir katilin psikolojisi mutlaka bozulacak ve o kişi asla eskisi gibi olmayacaktır.

Başkasını öldüren kişi, ölüm kapısını açar ve ölümcül enerji bünyesine akmaya başlar. Sonuç olarak kişi tekrar öldürmek ister çünkü öldürerek güçlü hisseder. Kendisinin neredeyse tanrı olduğuna inanmaya başlar.

Barış Çiçeği

Bu, kişinin hoşuna gidebilir ve tekrar öldürmeye yeltenir. Diğer taraftan kişi kendini de öldürmeye kalkışabilir çünkü öldürmenin bedeli ölmektir. Evrensel eylem yasasına göre öldüren mutlaka öldürülecektir. Bundan kaçış yok!

O yüzden bir canlıyı katleden kişi ya başkalarını katletmeye devam eder ya da kendini katleder yani intihar eder. Aslında güç hem katliama hem de intihara sürükleyen bir faktördür. İşte herkesin takdir ettiği güç, bu denli ölümcüldür.

Diğer taraftan güçsüz olmak aşağılayıcı bir durum gibi algılanabilir. O yüzden kimse güçsüz olmak veya güçsüz görünmek istemez. Yani kişi bir kaya gibi güçlü ve yenilmez olmak ister. Ama aynı kişi sevdiği insana bir kaya veya taş değil, çiçek hediye eder.

Bir çiçek taş ile kıyaslanırsa güçsüz görünür. Buna rağmen insan sevgisini ifade etmek için çiçek hediye etmeyi tercih eder. Çiçek hediye eden birey; güçsüz görünmez, kibar görünür ve kimse onu güçsüzlük ile suçlayamaz.

Bir insan taş gibi mi, çiçek gibi mi olmak ister? Gerçek şu ki taş olağandır, çiçek ise olağanüstü. Çiçek her ne kadar güçsüz görünse de varoluşsal bir mucizedir. Peki, nedir bu mucize?

Çiçek ne kadar yumuşak, narin ve güçsüz görünse de yüzyıllardır var olmaya devam ediyor. Çiçekler geçmişte vardı, şimdi var ve gelecekte de var olacak. Ama bütün o güçlü insanlar ölüp gitmiş ve kimse onları hatırlamıyor bile.

Barış Güzeldir

Gerçek şu ki gerçek olan doğal olarak, kendiliğinden güçlüdür ve güçlü olmaya ihtiyaç duymaz. O yüzden gerçek olan; güçlü olmak için herhangi bir çabada bulunmaz, güç şovları yapmaz ve kendini kaybederek barışı bozmaz. Zira gerçek olanın güçlü olmaya ihtiyacı yoktur çünkü gerçek, doğası itibarıyla güçlüdür.

Bir insan barış içinde olmak istiyorsa çiçek gibi olmalıdır çünkü çiçekler asla savaşmaz. Lakin egosu şişen insan, kaya gibi olmak ister. Kaya serttir ama çiçeğe kıyasla çirkindir. Zaten sert olan her şey çirkindir, yumuşak olan ise güzeldir.

Tıpkı bunun gibi barış güzeldir, savaş ise çirkin. Gerçek barıştan uzaklaşan insanlık, gerçek çiçeklerden de uzaklaşarak plastik çiçekler üretiyor. Zira plastik çiçek daha kalıcı ve dayanıklıdır.

Plastik, yapay bir çiçeği yağmur, sıcak, rüzgâr vs. bozamaz. Gerçek çiçek ise sabah açar, rayihasını saçar, herkese gülümser, herkesi neşelendirir ve yeni çiçeklerin gelmesi için gider. Yapay çiçek ise kalıcıdır ve gerçek olmadığı için gerçekten de dayanıklıdır.

Oysaki gerçek çiçek yumuşaktır ve kalıcı olmak istemez. Aslında gerçek ne kadar yüksekse o kadar yumuşaktır ve güce ihtiyaç duymaz çünkü savaşmaz, barış içinde var olur. Dünyevi zihin mutlak barışı anlayamaz çünkü çiçeğin mantığını değil, taşın mantığını anlar.

Taşın mantığı sert olmak ve başka bir canlıyı öldürebilmektir. Bir taştan silah yapıp insan öldürülebilir. Ama bir çiçek silah olamaz ve kimseyi öldüremez. O yüzden taş savaşta, çiçek ise barışta kullanılır.

Barış Anı

Dünyevi zihin taşın matematiğini anlar ama çiçeğin estetiğini anlayamaz. Yalnızca tekâmül sayesinde zihin şiirsellikle dolarak mutlak barışı anlayabilir. Zira mutlak barış yumuşaktır ve güce ihtiyacı yoktur.

Bu nedenle mutlak barış en üstün boyutlara aittir ve varoluşun en yüce çiçeğidir. Mutlak barış her an çiçeklenir. İşte mutlak barışın çiçeklendiği an, "şimdi" olarak bilinir. O anı algılamak için zihin tek odaklı, dikkat çok yoğun ve farkındalık yüksek olmalıdır.

Bir insan o anı yalnızca zekâ gözüyle görebilir. Aksi takdirde o an kaçırılır ve mutlak barış algılanamaz. Gerçek şu ki mutlak barış sürekli olarak, her an çiçeklenir. Lakin zihin geçmiş ile gelecek arasında bocaladığı için birey mutlak barış anını göremez.

Şimdiki an o kadar hızlı bir olgudur ki göz açıp kapayıncaya kadar geçer. İşte o hızla geçen anda mutlak barış çiçeklenir. Mutlak barış anının farkında olan birey, barış dolu saadetle dolup taşar ve herkese barış getirir.

Mutlak barış yücelerin yücesidir ama son derece yumuşaktır ve güç nedir bilmez. Aksi hâlde barış olamaz. İşte mutlak barışın güçle hiçbir ilgisinin olmaması gerekmektedir. Zira aksi takdirde o, mutlak barış olmaz!

Ötesinde hiçbir şeyin var olmadığı son zirvedir mutlak barış. Bir insan ancak gerçek barışın yumuşaklığını ve güçten özgür olduğunu idrak ettiği an Mutlak olanı anlar. Kavgacılar gibi güçlü olmaya çalışan insan taşlarla çevrili bir dünyada yaşar ve çiçeklerin yumuşaklığı nedir bilemez.

Barış Yumuşaklığı

O zaman birey barış dolu ebedî özünden uzaklaşır ve mutlak barışa erişemez. Kişi hayat boyu barış içinde olamaz, gereksiz yere savaşır, tükenir ve mutlak gerçeği göremez olur. Aslında kişi kendi kendini barışın huzurundan mahrum eder.

Bir insan gerçekten de yeryüzünde barış ve huzur istiyorsa onu kendi kalbinde ve kendi bünyesinde inşa etmelidir. Barış yolculuğunda bu, doğru bir başlangıç olacak. Yalnızca ondan sonra birey, barışı dünyaya yayabilir.

Şayet kişi savaş içindeyse kendi yüzünden savaşır ve barış içindeyse kendi yüzünden barışır. İnsan hem savaşından hem de barışından sorumludur. Birey yaptıkları yüzünden ya savaş cehennemine düşer ya da barış cennetine yükselir.

Burada sizlere hiçbir dilin tatmadığı, hiçbir gözün görmediği, hiçbir burnun koklamadığı, hiçbir kulağın duymadığı ve hiçbir elin değmediği mutlak barış sunulacak. Bir insan yalnızca duyguların ötesine geçince mutlak barışın tadını çıkarabilir.

Yaşadığınız dünya ikilikler dünyasıdır. Gece ve gündüz, ışık ve karanlık, sıcak ve soğuk, yaşam ve ölüm, barış ve savaş vs. Barış yaşam demek, savaş ise ölüm. Ama yaşamın rahminde ölüm var çünkü yaşayan herkes ölmeye mahkûmdur.

Tıpkı bunun gibi barışan herkes küsmeye ve barışta olan herkes savaşta olmaya mecburdur. Bir bebek, annesinin memesini emerek karnını doyurur, sonra da memeyi ısırır. Neden acaba? Çünkü barıştan sonra savaş gelir.

Barış Huzuru

Dünyevi düzeydeki barış/savaş ikiliğini anlayabilmek için evrendeki birçok şeyi anlamak gerekir. Dünyasal boyutta ancak herkes ölü gibi olursa barış mümkündür çünkü ölüler kavga etmez ve savaşmaz.

O zaman kavga, çatışma ve savaş olmaz ama yaşam da olmaz. Sessizlik mezarlığın sessizliği, huzur ise ölülerin huzuru olur. İşte bu tür sessizliğin ve huzurun değeri olmaz. Bu durumda kavga ve savaş bir canlılık, bir hayat getirir.

Bununla birlikte tekâmül yolunda birey ebedî özüne merkezlendiğinde, aydınlandığında, canlandığında, gerçekten kim olduğunu bildiğinde, farkındalık ateşini yaktığında, artık karanlıkta el yordamıyla yürümediğinde huzurun ve barışın tamamıyla başka bir boyutunu keşfeder.

Bu keşif sayesinde birey hem canlılığa hem de sessizliğe ulaşır. Fakat bu sessizlik mezarlığın sessizliği değil, varoluşsal sessizliğin sesi olacaktır. Bu ses sükûnet içerecek ve mutlak barış deneyimi yaşatacaktır.

Dünyevi düzeydeki savaş ve barış ikilemini bütünlük içinde anlamak gerekir. Dünyasal açıdan savaş kötüdür, barış ise iyi; ölüm kötüdür, yaşam ise iyi; hastalık kötüdür, sağlık ise iyi. Bununla birlikte ölü beden asla hastalanmaz.

O yüzden savaşı yok etmeye çalışan insanlar, ölü bir dünya inşa edebilir. Bu tür dünyada savaş olmaz ama hayat da olmaz. Gerçek şu ki tekâmül etmeyen bir dünya, ölü bir dünyadır ve mezarlığın huzuruna sahiptir.

Barışa Ulaşmanın Yolu

Günümüzde çoğu insan savaşlar bitince her şeyin iyi olacağına inanır. Bu gerçek dışı bir inançtır çünkü sorun savaş değil, sorun insanın ta kendisidir. Zira savaş dışarıda değil, içeridedir.

Şayet insan içerideki savaşta savaşmazsa dışarıda savaşmaya mecbur kalır. Lakin insan içerideki savaşa girer, savaşır, kazanır ve savaşı bitirirse dışarıdaki savaş da biter. İşte barışa ulaşmanın tek yolu budur!

Tekâmül yolcusu kimseyi yenmeye çalışmaz sadece kendini yenmek için çabalar. Zira insan bir kere kendini yendiğinde başkalarıyla savaşma ve onları yenme isteği kaybolur. O zaman dışsal savaş sona erer çünkü içsel savaş bitmiştir.

Gerçek şu ki başkalarıyla olan savaş kendinle olan savaştan kaçmak için kullanılan bir hiledir, bir kandırmacadır. Yani insan başkalarıyla savaşarak kendini kandırmaktadır çünkü içsel savaştan kaçmaktadır.

Aslında insan kendisiyle savaşmaktan korktuğu için başkalarıyla savaşır ve cesur görünür ama gerçekte korkağın tekidir. İşte insan başkalarıyla savaşarak korkaklığını örtbas etmeye çalışır çünkü içsel savaştan korkup kaçmaktadır.

Bir insan kendine dair rahat olmadığında, gergin olduğunda ve içsel savaşa girişmeye hazır olmadığında iki alternatifle yüzleşir. Kişi ya bu gerginlikten acı çeker ve strese girer ya da bu rahatsızlığını başkalarına yansıtır.

Barış Enerjisi

Kişi içsel gerginlik yaşadığında ve bu gerginliği gidermek için kendisiyle savaşmadığında başkalarıyla savaşmaya hazır olur. O zaman çevredekilerle savaşmak için herhangi bir bahane yeterlidir.

Kişi ebeveyniyle, eşiyle, evladıyla, arkadaşıyla, komşusuyla, çalışanıyla vs. savaşmak için illa bir bahane bulur ve çatışma başlar. Bu eylem içsel çatışma, rahatsızlık ve gerginlikten kurtulmanın en kesin yoludur.

İşte içsel çatışmadan kurtulmak için kişi karşısındaki insanı suçlar, sorumluluğu ona yükler ve öfkesini onun üzerine boşaltır. Artık kişi öfkesini boşaltabileceği ve şiddet uygulayabileceği birini bulmuştur. Neticede kişi birikmiş gerginliğini boşaltır ve rahatlar.

Fakat bu rahatlama geçicidir çünkü insanın iç dünyasında hiçbir şey değişmemiştir. İç dünya eskisi gibi kaldığı için haset, nefret, hiddet, şiddet, cinnet, vahşet vs. yeniden birikir. Bir sonraki gün kişi, içinde birikmiş negatif enerjiyi yansıtmak için yine birisini bulacak ve boşalacaktır.

Bir insanın başkalarıyla savaşmasının nedeni iç dünyasında negatif enerjilerin birikmesidir ve hayatta kalmak için kişi bunları bir şekilde dışarı fırlatıp atmalıdır. Bu açıdan savaşmak kişi için ölüm kalım meselesidir.

Yani kişi ya başkalarıyla savaşarak içindeki negatifleri boşaltır ya da negatifler içinde boğulup ölür. Oysaki içindeki negatiflerle savaşarak onları yenmiş insan, kendini fethetmiştir çünkü tüm içsel çatışmalardan özgürleşmiştir.

Barış İnsanı

İşte içsel çatışma sona erince dışarıdaki savaş da biter. İç dünyasını fethetmiş insan, içsel olarak birlik içindedir yani içinde bir ikilik ve çatışma yoktur. Böyle bir insan, barış insanıdır çünkü o içindekilerini başkalarına yansıtmaz ve dışarıdaki kimseyle çatışmaz.

Aslında içsel çatışmadan kaçınmak için zihin bir hile kullanır. Nedir bu hile? İnsanı dışsal çatışmaya yönlendirmek. Neden acaba? Çünkü birçok nedenden dolayı içsel çatışma çok daha acı verici ve yıpratıcı bir olgudur.

Peki, içsel çatışmanın temel nedeni nedir? Temel neden pozitif ile negatifin, iyi ile kötünün çatışmasıdır. İstisnasız herkes ta çocukluğundan beri "iyi insan" olmak için koşullandırılmıştır ve çevredekiler çocuğa "iyi insan" imajı dayatmıştır.

Tabii ki bu "iyi insan" imajı tamamen çevredekilerin bencil isteklerine, gayelerine, alışkanlıklarına, inanç dayatmalarına, kültürel baskılarına vs. dayanmaktadır. Daha sonra çocuk büyüyünce dayatılmış bu "iyi insan" imajıyla sürekli içsel çatışmalar yaşamaktadır.

Bir taraftan kişi "iyi insan" olmaya koşullanmıştır, diğer taraftan ise kendi isteklerine dayanarak hareket etmektedir ve yaptıkları "iyi insan" imajına uymazsa kişi içsel çatışma yaşar çünkü "iyi insan" olmak ister.

Aslında "iyi insan" olma dürtüsü ta çocukluğundan kişinin zihnine yerleştirilmiş bir programdır çünkü çevredeki herkes ona: "İyi insan ol!" demiştir. Lakin "iyi insan" tabiri göreceli bir kavramdır. Mesela yamyamlar arasında insan etiyle beslenen "iyi insan"dır.

Barış Toplumu

Fakat diğer topluluklarda insan leşi yiyenler kesinlikle "kötü insan"dır. Bununla birlikte istisnasız herkes ta çocukluktan beri koşullandırıldığı için "iyi insan" olmak ister ve bunun için çabalar.

Gerçek şu ki koşullanmış insanlar için "iyi insan" olmak ölüm kalım meselesidir. Aslında bir insan kendini "iyi insan" olduğuna inandırmazsa yaşayamaz. Katil bile hayatta kalmak için "iyi insan" olduğuna dair kendini inandırır. Bu arada yaptıkları toplumun "iyi insan" imajına uymadığı için katil içsel çatışma yaşar.

İşte bu çatışmadan kaçmak için katil, öfkesini başka bir insanı öldürerek boşaltır. İstisnasız tüm katiller yaptıklarından ötürü başkalarını suçlar çünkü aksi takdirde hayatta kalamazlar. Ayrıca hayatın kendisi, insanı "iyi insan" imajına sahip olması için zorlar.

O yüzden "iyi insan" imajına sahip olmadan insan yaşayamaz ve intihar eder. Bütün intiharların temelinde "iyi insan" imajıyla ters düşme nedeni vardır. Yani insan kendini "kötü" hisseder, ölmek ister ve intihar eder.

Peki, neden insan kendisini "kötü" hisseder? Çünkü içsel çatışma sonucu kendinin "kötü insan" olduğuna inanmaya başlar ve artık bu inanç yüzünden yaşayamaz, kendini öldürür. Aslında toplumun çocuklara dayattığı "iyi insan" imajı bir idealdir ve asla ulaşılamaz.

Gerçek şu ki çocuklara dayatılan "iyi insan" imajı bir insan evladına yapılan en büyük kötülüktür. Bu kötülüğün sonucu olarak her geçen gün artan sayıda ergen intihar etmektedir. Neden acaba?

Barış Çağrıları

Çünkü çevre onlara "iyi insan" imajı dayatmıştır ve bu imaj ergenin isteklerine ve yaptıklarına ters düştüğü için ergen sürekli bir içsel savaşın içinde bulunur. Bir ergenin bu savaşı kazanmak için yeterli donanımı yoktur. O yüzden ergen, içsel savaşı kaybederek kendini öldürür.

Şayet küresel toplum barış istiyorsa çocukların beynini yıkamaktan ve onlara "iyi insan" imajı dayatmaktan vazgeçmelidir. Aksi takdirde ne içsel ne de dışsal savaş asla bitmez ve barış çağrıları insanlığı hiçbir yere vardıramaz.

Bir insana "iyi insan" imajı dayatıldığında kişi sürekli kendini başkalarıyla kıyaslar ve herkesten daha iyi bir insan olmak ister. Bunu yapamayınca da strese girer, depresyon yaşar ve mutsuz olur.

O yüzden günümüzün insanları bu kadar stresli, depresif ve mutsuzdur. Zira onlar dayatılmış "iyi insan" standardına uymamaktadırlar. Çünkü insanlar sürekli kendilerini sorguluyor: "Ben iyi bir insan mıyım?" ve içindeki ses: "Hayır!" diyor ve kişi perişan oluyor.

Bu içten gelen ses aslında zihnin sesidir ve zihin kişinin dayatılmış ideal "iyi insan" imajına uymadığını görüyor ve "Sen kötü bir insansın!" diyor. Kişi zihniyle çatışmaya başlıyor ve "iyi insan" olduğunu kanıtlamaya çalışıyor fakat kurnaz zihin, onun "kötü insan" olduğunu ispatlıyor.

Zihin sadece dayatılmış "iyi insan" imajına bakıyor ve acımasızca kişiye bu imaja uymadığını, o hâlde "kötü insan" olduğunu söylüyor. Bu tartışmada kişi zihnini kandıramıyor çünkü zihin onun en gizli düşüncelerini ve hayvani isteklerini biliyor. İnsan, "iyi insan" olduğuna başkalarını inandırabilse bile kendi zihnini asla inandıramaz.

Barış Zaferi

Sonuç olarak bu içsel hesaplaşma bitmiyor, kişi "iyi insan" olamıyor ve acı çekiyor. Oysaki herkesin "iyi insan" değil, gerçek insan olması gerekir. Herkesin gerçekten kim olduğunu anlaması son derece önemlidir.

Ey insan evladı, bil ve agâh ol ki sen geçici olarak insan bedenini kullanan ebedî, bilinçli ruhi varlıksın. Senin insan olman gerekmiyor, senin ebedî özüne dönüp ebedî varlık olarak davranman gerekiyor.

İşte o zaman içsel savaş biter ve barış muzaffer olur. İnsan olmak için savaşmak gerekmiyor, ebedî varlık olmak için barışmak gerekiyor. Zira yalnızca gerçekten kim olduğunu bilen insan kendiyle barışık yaşamaya başlar. Aksi hâlde asla!

Bu nedenle çocuklara "iyi insan" olmayı değil, gerçek insan olmayı öğretmek gerekir. Onlara gerçekten kim olduklarını anlatmak lazımdır. İşte yalnızca o zaman ergenler intihar etmekten vazgeçer çünkü insan olmadığını, sadece insan bedenini kullanan ebedî varlık olduğunu anlar.

Gerçek şu ki kendinin gerçekten kim olduğunu bilmeyen insan, kendini hayallerle avutur. Bunu günümüzün bilim insanları bile keşfetmiştir. Örneğin, psikiyatrlara göre insanların hayatta kalmak için sanrılara ihtiyacı vardır.

Esasında aydınlanmamış insanın hayatını sürdürmek için sanrılar görmesi şarttır. Örneğin, kendisinin ölümlü beden olduğuna inanan insan ölümden korkar ve bedeni ölümsüzleştirmek için sanrılar ve fanteziler üretir.

Barış Hayalleri

Bu fanteziler ölüm korkusunu hafifletir ve kişinin kalp krizinden ölmesini engeller. Aksi takdirde ölüm korkusuyla baş etmek gerçekten de zor olur. Kişi kendini ya hayallerle avutur ya da uyuşturucu maddeler kullanır.

Asırlardır insanları kötü hissettirip dize getirmek için "günah" ve "şeytan" kavramları kullanılmıştır. Zira kötü hisseden insanı köleleştirmek çok kolaydır. Ayrıca "şeytanın" insanları baştan çıkardığı, insanın "şeytansı" olabileceği ve günah işleyerek kötülük yapabileceği hakkında hikâyeler uydurulmuştur.

Buna rağmen saf bir insan "şeytansı" olduğuna, "kötü" olduğuna inanırsa hayatı bir cehenneme dönüşür ve kişi sağlıklı yaşam sürdüremez. Zira kişi; öz güvenini kaybeder, lanetlenmiş hisseder, kendini sevemez, özgürce hareket edemez ve başkalarının gözünün içine bakamaz.

Kişi gitgide kendini aşağılık hisseder, sevilmeyi hak etmediğini, hayatta yerinin olmadığını düşünür ve ölmeyi arzular. Birey içindeki sözüm ona "kötülükle" savaşmaya başlar ve tüm dünyayı ateşe vermek ister.

İşte bu tür insanlar Üçüncü Dünya Savaşı'nı başlatmak istiyor. Onlar kendilerini kötü hissediyor, iç dünyalarındaki savaşı kazanamıyor, öfkelerini dışarıya yansıtıyor ve Üçüncü Dünya Savaşı'nı çıkararak herkesi yok etmek istiyor.

Nitekim kötü hisseden insanlar savaşlar çıkarıyor ve barış düşmanı oluyor. Peki, çözüm nedir? Çözüm, dönüşümdür. İç dünyadaki negatifi pozitife dönüştürmek. Yani savaş insanı değil, barış insanı olmak!

Barış Getirmenin Yolu

Lakin dünyasal düzeyde böyle bir dönüşüm imkânsızdır. Yalnızca tekâmül sayesinde insan varoluşsal düzeye yükselerek savaş enerjisini barış enerjisine dönüştürebilir çünkü savaş ile barış aynı enerjinin iki kutbudur.

Tatlı olan barış enerjisi ekşiyerek ve acılaşarak savaş enerjisine dönüşüyor. İşte bu acılaşmış savaş enerjisini tekrar tatlı barış enerjisine dönüştürmek gerekir. Ama nasıl? İçsel simya sanatını kullanarak!

İçsel simya sanatının öteki adı tekâmüldür. Yalnızca tekâmül sayesinde acı savaş enerjisi, tatlı barış enerjisine dönüşebilir. İşte tüm dünyaya barışı getirmenin tek yolu, içsel simya sanatı aracılığıyla tekâmül etmektir.

Fakat bu yol emek ister, günümüzün tembel insanı ise kestirme yollar arar. O yüzden kurnaz zihin kişiye: "İyi insan olmak için uğraşma. Sadece 'iyi insan' gibi davran. İyi insan olduğuna inan ve başkalarını da buna inandır!" der.

Bu kolaydır çünkü kişinin gerçekten de "iyi insan" olması gerekmez, sadece "iyi insan" rolü yapması gerekir.

O yüzden herkes "iyi insan" rolü yapar ve başkalarını "iyi insan" olduğuna inandırmaya çalışır.

İşte insanlar bir "iyi insan" sanrısı yaratır ve bu sanrı içinde mutlu olmaya çalışır. Fakat aynı zihin kişinin "iyi insan" imajına uymadığını bilir ve ara sıra bunu kişiye hatırlatır. O zaman içsel çatışma çıkar ve kişi öfkesini başkalarına yansıtır çünkü onunla tartışan zihnine hiçbir şey yapamaz.

Barış Ağacı

İnsanlar "iyi insan" illüzyonu yaratır çünkü bu yanılsama bile onlara yaşam enerjisi verir. Şayet yanılsaması dahi insanı enerjiyle besliyorsa gerçeğinin ne kadar çok enerji vereceği anlaşılabilir. Birey gerçekten barış insanı olunca canlanır, öz güveni artar, üzerinde sağlam duracak bacaklar kazanır ve ebedî özüne merkezlenir.

Tekâmül sayesinde iç dünyadaki savaş enerjisi barış enerjisine dönüşür, barış farkındalığı yükselir, barış zaferi ışıldar, doğrular gerçekleşir, dünyasal varoluşsala dönüşür, barış tohumu filizlenir ve heybetli bir barış ağacı meydana gelir.

Bunun için insan barış yolunda yürüme cesaretine sahip olmalı ve kestirme yollar aramamalıdır. Gerçek hayatta kestirme yol yoktur. Yalnızca yanılsama, kısa yol olarak görünebilir ama bu görüntü sanrıdan başka bir şey değildir.

Yalnızca doğru yolda yürüme sayesinde büyüme ve olgunlaşma gerçekleşir. Kestirme veya kısa yolda kimse olgunlaşamaz çünkü ucuz olan şeyler insanın büyümesini sağlamaz. Zira barış yolunda yürüme çabası insana deneyim, kesinlik, büyüme ve olgunluk verir. Kimse kestirme veya kısa yollarla olgunluğa ulaşamaz.

Gerçek şu ki doğa hiçbir zaman acele etmez. Yalnızca sabırsız zihin acele eder ve her şeyi batırır. Varoluş sonsuz olduğu için aceleye gerek yok. Hayat sonsuza kadar devam eder ve olacaklar mutlaka olur.

O yüzden barış yolcusu asla acele etmez çünkü barış huzurlu, acelesiz yaşam demektir. Lakin sınırlı ve geçici zihin için zaman kısadır. Bu nedenle zihin acele eder ve hatalar yapar. Hayat ise sonsuzlukta barış deneyimleri yaşamaktır.

Barış Yolcusu

Bu nedenle ölüm, sonsuzlukta sadece yaşamsal bir deneyimdir. Sınırlı zihin için ise her an daha da yaklaşan ölüm her şeyin sonudur. O yüzden zihin acele eder çünkü ölümü getiren zaman onu kovalar.

Aslında sonsuz hayat için "ölüm" diye bir şey yoktur ama zihin için "ölüm" bir gerçektir. Bu nedenle zihin hep kestirme yollar arar ve kısa yollarla ilerlemeye çalışır. Ayrıca kısa yol arayışında zihin yanılsamalar üretmeye başlar.

Acele eden kişiye zihin şunu söyler: "Ne olmak istiyorsan öyle olduğuna inan ve öyle davran!" Sonuç olarak kişi son derece nevrozlu olur. Kişi Cengiz Han gibi olmak ister ve onun gibi davranmaya başlar – neticede Cengiz Han olduğuna inanır.

Peki, sonuç nedir? Sonuç, akıl hastanesidir. Kişi Cengiz Han olduğuna inanarak ve büyük bir savaşçı gibi davranarak kendisini akıl hastanesinde bulur. Ama en ilginç olan şudur ki kişi büyük barışçı değil, büyük savaşçı olmak istemiştir.

Neden acaba? Çünkü içinde bitmeyen bir savaş var ve kişi bu savaşı kazanmak için tüm savaşları kazanmış olan Cengiz Han olmak ister. Ayrıca kişi Cengiz Han gibi olmak değil, Cengiz Han'ın kendisi olmak ister.

Çocuklukta Timuçin olarak bilinen Cengiz Han çocukken çok acı çekmiş ve insanlara karşı bilinçaltında büyük bir nefret ve hiddet taşımış. İşte eline fırsat geçtiğinde Cengiz Han milyonlarca insanı diri diri yakarak veya kılıçtan geçirerek katletmiş.

Barış Dünyası

Cengiz Han, psikolojisi bozuk bir kişilikti ve onun gibi psikolojisi bozuk olanlar Cengiz Han olmak ister. Yani kişi bilinçli olarak bir katil, nefret suçu işlemiş olan bir insanlık düşmanı olmak ister ve onu taklit eder.

Peki, bunun nedeni nedir? Çocuklukta çekilen acılar, oluşan içerlemeler, haksızlığa uğradığına dair inanç ve intikam alma arzusu. Bu tür kişiler çocukken baba veya annelerini öldürür ve sonra da meşhur katilleri taklit eder.

Onların iç dünyasında dinmeyen bir savaş var. Kişi geçmişte ona haksızlık yapan ve ona acı çektiren kişilerle hayallerinde sürekli savaşır. Ama onları bir türlü yenemez çünkü geçmişi asla değiştiremez.

Bu nedenle kişi iç dünyasında kazanamadığı savaşı dış dünyada kazanmaya çalışır. O dışarıda, intikam almak istediği kişilere benzeyenleri bulur ve onlarla savaşır, bazen de onları öldürür.

Bu tür insanlara hiçbir psikiyatrist veya psikolojik tedavi yardım edemez. Onların tek şansı tekâmüldür. Şayet böyle bir kişi aydınlanırsa ve gerçekten kim olduğunu anlarsa içsel savaşını bırakıp dışsal barışa kucak açabilir.

Tek sorun bu tür kişilerin bağımlı oldukları sanrılardan vazgeçmek istememesidir. Kişi sanrılarında istediği her şey olabilir. Normal hayatta ise o kendisinin bir hiç olduğunu düşünür ve acı çeker.

Barış İçinde Yaşam

Neden acaba? Çünkü ta çocukluğundan beri çevredekiler onu dize getirip köleleştirmek için sürekli: "Sen bir hiçsin!" demişler ve kişinin içinde bitmeyen bir savaşın başlamasına neden olmuşlar.

Bu alçaklar çocuğun hayatını mahvetmiş çünkü onun barış içinde yaşamasını engellemiş ve onu barışın getirdiği huzurdan mahrum etmiştir. O yüzden çocuklara, "Sen hiçsin!" diyen, onları aşağılayan, küçük düşüren, azarlayan, döven alçaklar insanlık ve barış düşmanıdır.

Fakat tembel insanlar hep kestirme yollar ararlar ve hayaller bencil isteklere ulaşmanın en kolay, en ucuz yoludur. Zira gerçeğe götüren yol çetindir. Bireyin ateşten geçmesi gerekir. Aydınlanma ateşinden geçen insan olgunlaşır ve toplumun son derece değerli bir bireyi olur.

Neden acaba? Çünkü o, başkalarını aydınlatarak topluma barış getirebilir. Aydınlanmış bilge, tekâmül yağmuruyla insanların içindeki savaş ateşini söndürebilir ve onları barış dolu huzura kavuşturabilir.

Mutlak barış, bitpazarından ucuza alınabilecek bir şey değildir. Gerçek barış için pazarlık yapılamaz. Bir insan gerçek barışın bedelini tüm hayatıyla ödemelidir. İşte gerçek barış yalnızca tüm hayat söz konusu olduğunda gerçekleşir.

İnsanlar içlerine bakmaktan korkar çünkü içleri kötülük kaynar. Kişi içine bakınca zihin ona kötü olduğunu söyler ve iç savaş başlar. Bu savaşı tekâmül etmeden kazanmak imkânsızdır. O yüzden insanlar daha kolay bir yol seçer.

Barış Stratejisi

Peki, nedir bu daha kolay yol? Başkalarıyla savaşmak! Kişi kendisinin iyi, karşısındakinin ise kötü olduğunu düşünür ve onunla savaşmaya başlar. Bu şekilde iki şey gerçekleşir: Birincisi, savaş dışarıya taşınır ve daha az acı verir. İkincisi, kişi kötülükle savaştığına inanır ve iyi hisseder.

Aslında kişi kötü olduğunu bilir ama bu acıdan kurtulmak için dışarıda kendinden daha kötü birini bulur ve onunla savaşır. Bu, rahatlatıcı olur. Esasında bu bir stratejidir: Kendi savaşından kaçıp başkalarıyla savaşmak. Zira başkalarını düzeltmeye çalışmak kendini düzeltmeye çalışmaktan daha kolaydır. En azından öyle görünmektedir.

Lakin bu strateji kişiyi geçici olarak rahatlatsa da barışa ulaşmayı sağlamaz. Tam tersine savaşın daha da artmasına neden olur. Peki, çözüm nedir? Çözüm, tüm cesareti toplayıp içeri bakmaktır.

O zaman birey iç dünyasında işlerin iyiye gitmediğini ve bir şeylerin yapılması gerektiğini görür. Zira içeride savaş çoktan başlamıştır ve birey dışarıda savaşarak bu savaştan kaçmaya çalışmaktadır.

İşte bunu fark eden insan barışa giden yolu yarılamış olur. Yolun geri kalan yarısında birey, içsel savaşı tarafsızca gözlemlemelidir. Bu, barışa ulaşmak için en etkili tekniktir! Zira birey içsel savaşın tarafsız tanığı olursa iç dünyasıyla bütünleşir.

Bu bütünleşme barış konusunda aydınlatıcı olur çünkü bir bütünlük yoksa barış da olamaz. Tarafsız gözlem sayesinde birey içsel savaşın ötesine geçer ve barışa ulaşır. Bu arada bütün enerjiler içsel savaşa çekilir ve benlik ile kişilik çatışmaya başlar.

Barış Ulaşımı

Bu çatışma sonucu iç dünyada bir karmaşa, bir kaos meydana gelir. Şayet birey tarafsız gözlemci olarak bu kaosun içine girerse kaosu bir rahim olarak kullanır ve mutlak barış için yeniden doğar.

Tıpkı küllerinden doğan efsanevi Anka kuşu gibi birey kendi kaosundan yenilenmiş bir varlık olarak doğar ve barışa erişir. Şu an bulunduğumuz maddi evren kaostan doğmuş ve kozmos oluşmuştur.

Tıpkı bunun gibi birey kaosa neden olan savaşın rahminden kozmosun temeli olan barışın kucağına düşer. İşte kaostan kozmosun doğması gibi savaştan da barış doğar. Fakat burada söz konusu olan savaş, insanın iç dünyasında gerçekleşendir.

İnsanlar barış ve huzur ister ama oldukları hâlleriyle huzura, barışa asla kavuşamaz çünkü içlerinde bitmeyen bir savaş var. O yüzden insanlara antidepresan vb. uyuşturucu maddeler verilir ve uyuşturulan insanlar ölülerin huzuruna kavuşur.

Kişiler ilaç ve uyuşturucularla teselli olur ama barışa erişmez. İşte aydınlanmış bilge ile sahte ermiş arasındaki fark budur! Aydınlanmış bilge, bireyi teselli etmeye çalışmaz. O, bireye içindeki savaşı ve bu savaşı barışa dönüştürmenin yolunu gösterir.

Sahte ermiş ise bireye değişim vermez, sakinleştirerek teselli verir. O; uyku hapı gibidir, bireyi uyutur ve ölülerin huzuruna kavuşturur. Fakat bu uyku fazla sürmez ve kişi uyanınca kendisini daha da feci bir savaşın içinde bulur.

Barış Kucağı

İşte kriter budur – sahte teselli mi, gerçek barış mı? Teselli zehir gibidir – sadece bayıltır, barış vermez. Gerçek ise içteki savaşı gösterir ve büyümeyi sağlar. İşte bu tekâmülsel büyüme sayesinde bir gün içsel barış çiçek açar. İçsel barış çiçek açınca birey gerçek huzura ve varoluşsal sessizliğe erişir.

Günümüzün insanı içsel bir savaş, içsel bir kaos içindedir çünkü tamamıyla yanılsamanın kurbanıdır. Barışa ulaşmak için kişi, içsel kaosunu aşmalıdır. Fakat birisi onu teselli ederse kişi ona düşman gibi davranır çünkü teselli barışa vardırmayan zaman kaybıdır.

Devamlı teselli arayan insanlar enerjilerini sürekli kaybeder, hayatlarını boşuna harcar ve barışa asla varamaz. Zira ölüm geldiğinde teselliler hiçbir işe yaramaz. İşe yarayan tek şey tekâmül sayesinde mutlak barışa erişmektir.

Örneğin bir insan, yakını ölünce üzülür ve teselli arar. Kişi rahibe veya psikoloğa gider ve teselli için yalvarır. Tabii ki insan avına çıkmış bu "uzmanlar" kişiye inanç uyuşturucusu veya ilaç uyuşturucusu vererek teselli eder.

Ama insanı sadece uyuşturan ve uyutan bu tür teselli asla huzur ve barış getirmez. Peki, ne getirir? Çözümsüzlük, tedirginlik, boşluk, korku ve acı. Zira teselli hiçbir sorunu çözmez, sadece uyutur.

Peki, çözüm nedir? Tek çözüm, tek barış yolu olan tekâmüldür! Zira yalnızca tekâmül eden insan gerçekten kim olduğunu anlar ve kimsenin ölmediğini idrak eder. Tekâmül yolunda gerçeklerle yüzleşen insan, gerçek barışı ve huzuru mutlaka bulur.

Barış Yanlıları

Acı çeken insanlar teselli arar ama aldıkları teselli onları uyutur ve aydınlanma fırsatını kaçırtır. Zira acı, içsel savaşa dair bir sinyaldir ve teselli peşine düşmek bu alarmı duymamak demektir.

Çünkü insan, acı alarmına dikkat ederse sorunlarıyla yüzleşir ve onlara çözüm bulabilir. Bir insana en çok acı veren şey hırslarıdır. Zira hırslarıyla kamçılanan kişi, gece gündüz çalışır ve sonunda ölüm her şeyi elinden alır.

Bedene ait olan her şey bedenin ölümüyle gider ve birey çırılçıplak şekilde öteki dünyada kalır. Birey orada kayıpları için tarif edilmez acılar çeker çünkü hayatı boyunca onlar için çalışmıştır. İşte hâlâ hayattayken kişi uyanıp aydınlanabilirdi ama teselliler onu uyutarak aydınlanmasına izin vermedi.

Şu an dünya ikiye bölünmüştür – barış yanlıları ve savaş yanlıları. Ama sorarsan herkes barış ister. Lakin başkalarıyla kavga eden herkes aslında savaş yanlısıdır. Bu insanlar savaşta ölmek istemez ama komşusuyla kavga etmek ister çünkü içsel savaşları bitmez.

Sonuç olarak kavga eden herkes barış istediğini söylese de farkında olmadan savaşa katkıda bulunmaktadır. İnsanlar ya barış yanlısı ya da savaş yanlısıdır. Başka bir alternatif yoktur. Fakat: "Barış istiyorum!" deyip bir yandan da kavga edenler aslında savaş yanlısıdır.

Hiç kimse barış konusunda kayıtsız kalamaz. Zira insan hayatının nihai hedefi barışın çiçeklenmesidir. Tekâmül sayesinde içsel çatışma, insanın büyümesini ve olgunlaşmasını sağlar.

Barış Çiçek Açar

Bir insan tekâmül etmek için çabaladığında zihin tek odaklı hâle gelir. Ayrıca birey içindeki savaştan kaçmayıp onunla yüzleşirse barış çiçek açar. İnsan evladı iki şeyin birleşmesidir – ruh ve madde.

Ebedî ruh ile fâni beden, "insan" denen varlıkta birleşir. Yani insan ruh ile maddenin buluşma noktasıdır. Tıpkı ateş ile su gibi, ruh ile madde de tamamen zıt doğalara sahiptir. Ateş ile su bir arada kalamaz çünkü bir araya geldiklerinde ya ateş söner ya da su buharlaşır.

Ama ruh ile madde bir arada kalabilir. Aslında bu bir mucizedir veya mucizevi birleşmedir. Esasında bu, varoluşun bir oyunudur. Ama oyun tatsızlaşınca çatışma ve savaş ortaya çıkar.

Tıpkı çocukların oynarken birdenbire bozuşup kavga etmeye başlaması gibi. Amaç oynayıp eğlenmektir ama bencillik ve hırs devreye girince çocuklar dalaşmaya başlar.

Tıpkı bunun gibi farkındalık düşünce insan bedenindeki ruh ile madde çatışmaya ve savaşmaya başlar.

Aslında ebedî ruhi varlığın maddi evrene gelme nedeni oyunlar oynayıp eğlenmektir fakat ebedî ruhi varlık kim olduğunu unutunca oyuncaklarıyla savaşmaya başlar. İşte bu noktadan sonra insan acı çekmeye başlar.

Eninde sonunda savaşlarda kimse ölmez çünkü bedendeki ebedî varlık ölümsüzdür. Fakat kendini savaş oyununa kaptırmış ebedî varlık, acı çeker çünkü kim olduğunu unutmuştur. Ebedî varlık kendini bedenle özdeşleştirdiği için beden ölürken öldüğünü zanneder ve dehşete düşer.

Barış Mutlaklığı

Ebedî varlık maddi bedenden çıktığında enerjisel bir yapının içinde bulunur. İşte bu yapı sayesinde ruh maddeyle bağlantı kurar ve oynar. Bu enerjisel yapı zihinsel ve duygusal enerji alanlarını içerir.

O yüzden bedenden çıkmış ebedî varlık görmeye, duymaya ve hissetmeye devam eder. Genelde savaş alanında ölen askerlerin ruhları savaşmayı sürdürür çünkü ebedî ruhi varlığın bulunduğu enerjisel yapı, zihni içerdiği için savaş zihinsel düzeyde devam eder.

Tıpkı savaştan dönen askerlerin rüyalarında savaş sahneleri görmesi gibi. Bu rüyalar son derece gerçekçidir ve askerler bu rüyalarda savaşmaya devam eder. Uyandıklarında ise kâbus gördüklerini söylerler çünkü rüyalarında öldürüyorlar ve ölüyorlar.

Bir asker savaş alanında bir kere ölür ama rüyalarında binbir kere ölüp dirilir. Zira rüyasında ölür ama uyanınca dirilir. Tıpkı bunun gibi savaş alanında ölen askerin ruhu savaş rüyaları görmeye devam eder ve bu rüya milyonlarca sene sürebilir.

İşte tekâmül sayesinde insanın farkındalığı yükselir ve maddeyi ruhtan ayırmaya başlar. Yani birey fâni bedende ebedî varlık olduğunu algılar ve deneyimler. Bu deneyimlerden sonra içsel savaş biter çünkü birey, geçici bedende kalıcı varlık olduğunu algılar.

Yani ruh ile madde barışır ve barış içinde var olmaya başlar. İşte buna "mutlak barış" diyoruz ve yeryüzündeki herkes için bunu diliyoruz! Yalnızca bu bilgeliği edinip, onu idrak edip uygulamaya başlayan insan, mutlak barışa erişebilir. Aksi takdirde asla!

Barış İçinde Olmak

Tekâmül yolcusu yükselen farkındalık sayesinde ruh ile beden arasındaki ayrımı görmeye başlar. Artık beden açlık hissettiğinde o, aç olmadığını bilir. Maddi bedenin beslenmeye ihtiyacı olduğunda, ruhi bilinç sayesinde açlık hissi ortaya çıkar.

Beslenme bedensel bir ihtiyaç olduğu için açlık hissi bedene aittir. Fakat bu his bilincin sağladığı farkındalık sayesinde ortaya çıkar. Bedenin bilinci, bilincin ise açlığı yoktur. İşte beden ile bilinç veya madde ile ruh iş birliği yaptığında yani barış içinde olduğunda bilinç bedene aç olduğunu bildirir, beden ise beslenerek hayatta kalır.

Lakin aralarında savaş çıkarsa bilinç bedene küser ve acıktığını bildirmez. Bu nedenle bilinç ile beden arasında çatışma oluştuğunda birey iştahsız olur ve yemek yemez.

O zaman da iştahı kaçmış beden beslenmeyerek zayıflayıp ölür.

Maddi beden ruhi varlığın oyun aracıdır. O yüzden ruhi varlık, bilinç aracılığıyla bedeni hayatta tutarak oyunlar sergiler. Bu oyunlar iki tür olur – barış oyunları ve savaş oyunları. Ruhi varlık hangi oyunları tercih ederse hayatı ona göre şekillenir.

Bir insan tercih ettiği oyunlar sayesinde ya yapıcı olur ya da yıkıcı. İşte barış oyunları yapıcıdır, savaş oyunları ise yıkıcı ve artan sayıda insan kendini savaş oyunlarına kaptırırsa Üçüncü Dünya Savaşı kaçınılmaz olur.

Beden yürür, bilinç ise görür. Bilinç yol göstermeden beden nereye yürüyeceğini bilemez. Beden olmadan bilinç yürüyemez ve bilinç olmadan beden ihtiyaçlarını göremez. İşte insanın hayatta kalması için beden ile bilinç, barış içinde olmalıdır.

Barış Çocuğu

Yeryüzünde hiç kimse bu gerçeğin farkında değil. O yüzden bilinç ve beden savaşıyor, barışa eremiyor. İnsandaki bilinç bedenle savaştığında, bedenler de birbiriyle savaşıyor ve barış gitgide daha da imkânsızlaşıyor.

Ey insan evladı, bil ve agâh ol ki bedenin bu dünyaya ait ama sen bu dünyaya ait değilsin. Sen mutlak barışın çocuğusun. Mutlak barış, bu dünyaya ait değildir. O yüzden mutlak barışı bu dünyaya getirmek için dünya değişmeli veya mutlaklaşmalıdır.

Bilinç bedene taviz verince beden şımarabilir ve sapkınlıklar ortaya çıkabilir. Bunun olmaması için farkındalık sürekli yükselmelidir. O yüzden insan bedenin ihtiyaçlarını karşılamalı ama onları saplantı hâline getirmemelidir.

Beslenme, dinlenme, barınma, üreme vs. bedensel ihtiyaçlardır ama yeryüzünde pek çok insan bunları saplantı hâline getirmiştir. İşte ihtiyaçlar saplantı hâline gelince çatışma ve savaş kaçınılmazdır.

O yüzden bireyin bedensel ihtiyaçlarını karşılarken dengeyi kurması gerekir. Bu dengeyi kurabilmek için birey, ihtiyaçlarının bu dünyaya ait olduğunun, kendinin ise bu dünyaya ait olmadığının tamamen farkında olmalıdır. Yani birey bu dünyada olmalı ama bu dünyadan olmamalıdır.

Şayet insan bir silah veya kılıç kullanmak istiyorsa o farkındalık kılıcı olmalıdır! Birey tekâmül yolunda farkındalık kılıcıyla içsel negatifleri paramparça etmeli ve onların içsel savaşa neden olmadan dağılmasını sağlamalıdır. İşte farkındalık kılıcının öteki adı "barış kılıcı"dır.

Barış Kılıcı

Asırlardır inanç öğretileri dünyaya bölücü eylemler ve savaş getirmiştir. Birisi demiş ki "Sağ yanağına vurana sol yanağını çevir!" İşte bu evrensel bir barış mesajıdır. Fakat ondan sonra gelenler dediklerini bir inanç öğretisine dönüştürmüş ve silah kuşanarak dünyanın dört tarafında savaşlar çıkarmıştır.

Ne büyük bir çarpıtma! Peki, bunun nedeni nedir? Nedeni inançtır! İnsanlık tarihi göstermiştir ki nerede inanç varsa orada savaş var. Neden acaba? Çünkü inanç; insanı dar kafalı yapar, koşullandırır, kuşkular yüzünden fanatikleştirir ve kişinin inancını korumak için onu savaşa iter.

Peki, çözüm nedir? Çözüm, tüm inançlardan özgürleşmek ve inanmak yerine bilmektir! Aklı başında insan inanmak yerine bilmelidir ve bilmediği şeye inanmamalıdır. Zira inanmak, içsel savaş çıkarmak demektir.

Çünkü bir insan bir şeye inanınca zihin kuşkular üretmeye başlar. Neden acaba? Çünkü zihnin doğası kuşku üretmektir. Peki, neden zihin sürekli kuşku üretir? Hayatta kalmak için! Mesela insan bir şey yemeden veya içmeden önce zihin kuşkulanır: "Acaba bu şey sağlıklı mı, değil mi?"

Zihin kuşkulanır ve kişi yiyeceği koklar, azıcık tadar ve bozuk olmadığından emin olur. Aksi takdirde zehirlenip ölebilir. İşte zihnin kuşkulanma fonksiyonu zayıflayınca insanlar bozuk yiyeceklerle beslenir ve zehirlenip ölür.

Peki, neden zihnin kuşkulanma fonksiyonu zayıflar? İnançlar yüzünden. Kişi yiyeceklerin sağlıklı olduğuna inanır ve zihnin uyarılarına yanıt vermez. Sonuç olarak insan bozuk yemekler yer ve zehirlenir.

Barış Ve İnanç

İşte tıpkı bunun gibi her türlü inanç zehir gibidir, insanı zehirler ve aklını başından alır. Bu nedenle insan bir şeye inanınca zihin kuşku üretir: "Acaba bu inanç zararlı mıdır?" Zekâ uyanmışsa birey incelemeye başlar ve inancın bir safsata olduğunu anlar.

Fakat zekâ aktif değilse kişi her türlü zırvalığa inanmaya başlar. Özellikle çevre baskısı varsa çocuk inanmaya mecbur kalır. Diğer bir etken, sürü psikolojisidir. Birçok insan bir şeye inanırsa başkaları da inanmaya başlar çünkü birçok kişinin inanması inancın doğru olduğuna kanıt olur.

Mesela bir zamanlar birçok insan dünyanın yassı olduğuna inanırdı ve inananlar başkalarını da ikna ederdi. Tek kanıt birçok insanın inanmasıydı. Bu arada dünyanın küre şeklinde olduğunu iddia edenler diri diri yakılırdı.

Artık dünyanın yuvarlak olduğu bilimsel olarak kanıtlanmış durumda ve aklı başında hiç kimse dünyanın yassı olduğuna inanmaz. İşte Orta Çağ'ın sürü psikolojisi yüzünden insanlar dünyanın yassı olduğuna inanırdı.

Bütün bunlara rağmen bir insan bir şeye inanınca zihin kuşkular üretmeye başlar ve kişi bu kuşkularla savaşmak zorunda kalır. Zira ya inanmaya devam edecek ya da kuşkulara uyarak inancı reddedecek. Bu arada inanç üreticileri, kuşkuların "şeytan işi" olduğunu iddia etmekte ve şeytana savaş açmaktadır.

Asırlardır inanç üreticileri uydurulmuş bir "şeytanla" savaşmış ve hatta inanmayanları canlı canlı yakmıştır. Zira inanç, insanı son derece gaddar ve acımasız yapar. Bu sebeple "şeytan" içsel ve dışsal savaşlar için çok iyi bir bahane olmuştur.

Barış Erişimi

Bir inanca yapışmış insan her gün bir seçimle karşılaşır çünkü zihin kuşkulanmaya devam eder. İşte her gün insan bir seçim yapmalıdır: "Tamam mı, devam mı?" Kişi inancında ısrar edince kuşkulanan zihniyle savaşmaya başlar ve içsel savaş kızışınca fanatikleşir.

İnancını korumak için kişi saldırganlaşır ve başkalarını inandırmaya çalışır. Gitgide bu bir inanç savaşına dönüşür ve fanatik insanlar katliamlar organize ederler. Eskiden beri inancı yayma adına büyük savaşlar verilmiş ve milyonlarca insan katledilmiştir.

Bu inanç savaşlarında iki tür açgözlülük söz konusudur: İnanç açgözlülüğü ve güç açgözlülüğü. Aslında güç peşinde olanlar, inancı yayma bahanesiyle kendilerine ait olmayan toprakları istila etmiş, yağmalamış, hırsızlık yapmış ve cinayet işlemiştir.

İnanç her türlü cinayet ve katliam için geçerli bir mazeret olmuştur. Saçma sapan herhangi bir inancı eleştirince hakaret davaları açılır ve kurulmuş hukuk sistemi bile saçma sapan inançları korumak için kollarını sıvar.

Oysaki inançlar tartışmaların, sürtüşmelerin, çatışmaların, kavgaların, saldırganlığın, fanatizmin ve savaşların baş nedenidir. Bu nedenle insanlık savaşlardan gerçekten kurtulup barışa erişmek istiyorsa inanmaktan bilmeye kuantum sıçrama gerçekleştirmelidir.

Savaşlarda yok etmek için ateş kullanılır. Oysaki ateş var etmek için de kullanılabilir. Mesela yemek yapmak için. Ayrıca herkesin bedeninde ateş elementi mevcuttur ve içsel savaş başlayınca vücut ısınmaya başlar.

Barış Sağlamak

Fakat vücuttaki ateş, arınmak ve barış sağlamak için de kullanılabilir. Tekâmülsel teknikler sayesinde birey içsel ateşi keşfedip onu tutuşturabilir. İçsel ateşi yakarak birey iç dünyasındaki bütün negatifleri yakıp kül edebilir.

Zira içsel ateş bütünüyle yandığında içsel savaşı barışa dönüştürür çünkü ateş, dönüştürücü güce sahiptir. Örneğin, bir damla su ateşe düşünce buhara dönüşür yani suyun tüm özellikleri değişir.

Tıpkı bunun gibi tekâmül sayesinde içsel ateş yakılınca içsel savaş barışa dönüşür ve iç dünya yeni özellikler edinir. Tıpkı buharın yükselmesi gibi içsel ateşle ısıtılan enerji yükselmeye başlar ve boyut değiştirir.

İçsel ateş tutuştuğunda içsel farkındalık da yükselir ve birey bilinç ile beden arasındaki farkı idrak eder. O zaman insan bedenin yeryüzüne, bilincin ise gökyüzüne ait olduğunu bilir ve görünen ile görünmez arasındaki farkı idrak eder.

Bu fark ediş, biliş ve idrak ediş sayesinde birey savaşı barıştan ayırabilir. Ayrıca savaş enerjisini içsel ateşte yakarak barış enerjisine dönüştürebilir. Bu içsel savaşın barışa dönüşümü nihai zafer olacaktır.

İnsan yapısı birçok enerji katmanından oluşmaktadır. Bu katmanlar arasında sürtüşmeler baş gösterir ama genelde insan bunların farkında olmayabilir. İşte farkındalık yükselince birey bu sürtüşmeleri fark eder ve içsel savaşın onu dışsal kavgalara ittiğini anlar.

Barış Tekniği

Dışsal kavgalardan kurtulmak için şöyle bir teknik uygulanabilir: Açlık hissettiğinde sabret ve beslenme. Bir süre sonra açlık diner ve daha enerjik hissedersin. Neden acaba? Çünkü katmanlar arasında sürtüşme başlar ve bu sürtüşme enerji üretir.

Bünyenin bir tarafı beslenmek ister, diğer taraf ise beslenmeye karşı çıkar. Sonuç olarak bu iki taraf çatışmaya başlar. Şayet sebat eder, beslenme dürtüsüne karşı koymaya devam edersen açlık kaybolur ve kendini hiç olmadığın kadar enerjik hissedersin.

Aniden tüm açlık kaybolur, tazelenmiş hissedersin, beslenmek bir yük olarak görünür. Peki, insan beslenmeden nasıl enerjik ve tazelenmiş olabilir? Bunun nedeni katmanlar arasındaki sürtüşmeden enerjinin ortaya çıkmasıdır.

Zira sürtüşme her zaman enerjinin meydana gelmesine neden olur. Yani beden yemek ister ama sen yemesine izin vermezsin. Sen ve beslenme isteği arasında savaş başlar. Bu sürtüşme sonucu enerji ortaya çıkar ve bünyeyi besler.

Neticede bünye beslenme ve sindirme işlemleri için enerji kaybetmeden enerji kazanır ve yenilenir. Bu uygulamaya "sürtüşme tekniği" diyoruz. Bu uygulamada en önemlisi pes etmemek ve kazanmak!

Şayet kendinizi kazanacak kadar güçlü hissetmiyorsanız bu tekniği uygulamayın. Bu çarpışma kazanıldığında farkında olunmayan bir enerji katmanına ulaşılır. Kazanınca karşı tarafın enerjisi ele geçirilir ve daha güçlü olunur.

Barış Gücü

Bu arada kazanmak, barışa erişmek demektir ve barış enerjisi tüm bünyeye yayılır. Sonuç olarak kazanılan her içsel savaş seni güçlendirir, bünye barış enerjisiyle beslenir ve barış gücün gitgide daha da artar.

Gerçek şu ki bir insan kendini savaşla özdeşleştirmeyince barışa erişir. Her ne kadar insanlar savaş istemeseler de kendilerini yaptıkları kavgalarla özdeşleştirirler ve böylece barışsız kalırlar. İşte barışlı olmak için insan savaşsız olmalıdır. Ama nasıl? Kendisini savaşla özdeşleştirmeyerek!

Bir insan aydınlanıp beden olmadığını anladığında ve artık kendini bedenle özdeşleştirmediğinde savaştan barışa bir kuantum sıçrama yapar. Zira savaş bedenle ilgilidir, ruh ile değil.

Savaşlarda bedenler savaşır ve ölür, ruhlar savaşmaz ve ölmez çünkü onlar ölümsüzdür. O yüzden birey beden olmadığını idrak ettiğinde savaşmak için hiçbir nedeni kalmaz. Aslında küresel toplumun savaşsız hâle gelmesi için herkes beden olmadığını idrak etmelidir.

Bir insan kendini bedenle özdeşleştirmediğinde ailesel ilişkiler savaştan barışa doğru ilerlemeye başlar. Zira birey; aile fertlerini ölümlü bir beden olarak değil, ölümsüz bir ruh olarak görür ve ruh, ebedî barış içinde olmak demektir.

Ebeveyn sadece fâni beden verdi, ebedî varlık ise yaptıklarının sonucu olarak bu bedeni aldı. Bedensel arızalardan ebeveyn değil, evlat sorumludur. Bu anlayışta ebeveyne karşı yöneltilen bütün suçlamalar ve savaşlar biter – barış meydana gelir.

Barış Meyvesi

Birey beden olduğuna inandığında annesi tarafından doğurulduğunu düşünür. Lakin birey beden olmadığını idrak ettiğinde annesi sadece onun bedenini doğurmuştur, onu değil. O; annesinin çocuğu değil, Mutlak olanın ebedî çocuğudur.

O zaman anneye karşı olan tüm kızgınlık ve öfke yok olur. Anne beden verip tekâmül imkânı sağladığı için takdir edilir ve barış içinde sevilir. Aksi hâlde anne ile çocukları arasında savaşlar bitmez.

Beden olduğuna inanan insan bedene kök salar ve bedenden beslenir. Beden ölümlü olduğu için kişi ölümden korkar ve ölüm korkusuyla savaşır. Bu, ölüm kalım savaşıdır çünkü kişi ölmek istemez ama eninde sonunda bu savaşı kaybeder çünkü beden ölür.

Oysaki beden olmadığını bilen birey, Mutlak olana köklenir ve ebedî olduğunu bilir. O zaman ölümün sadece bedenle ilgili bir olgu olduğu anlaşılır ve ölüm korkutmaz. Yalnızca o zaman birey hem beden hem de ölüm ile barış içinde yaşar.

Fâni beden ölüme mahkûm bir araçtır, bedenin içindeki ebedî öz ise ölümsüzdür. Savaş ölüme neden olur ve ölüm, savaşın tek meyvesidir. Ölümsüzlüğün meyvesi ise barıştır çünkü barışın ölümle hiçbir ilgisi yoktur.

Ölümlü beden olduğunu düşünen değil, ölümsüz varlık olduğunu idrak eden insan, yalnızlık acıları çekmez çünkü tek başına olmaktan zevk alır. O, yalnız olmadığını bilir çünkü Mutlak olanla ebedî bağlantısını restore etmiştir.

Barış Üstünlüğü

Beden olduğuna inanan insan ise yalnızlık acıları çeker ve yalnızlıktan korkar. Yalnızlıktan korkan insan tutunacak ve yapışacak birine ihtiyaç duyar. Bu sebepten herkes bir dost veya eş arar.

Kişinin eşi her yerde ona eşlik eder ve kişi kendini yalnız hissetmez. Yalnızlık acıları yüzünden insanlar yalnız yaşamaktan ve yalnız ölmekten çok korkar. Lakin insan ne yaparsa yapsın her gün yalnız kaldığı anlar var.

Nedir o anlar? Rüyasız uyku anlarında insan yapayalnız kalır ve o anlarda kimse ona eşlik edemez. O yüzden insanlar uyurken yanlarında birini ister, onun elini tutmak veya ona sarılmak ister çünkü rüyasız uykudaki yalnızlıktan ödü kopar.

Fakat ölümlü beden olduğuna inanan değil, ölümsüz varlık olduğunu bilen insan rüyasız uykudan korkmaz çünkü o zaman Mutlak olanla bağlantıya geçer, mutlak kaynaktan akan enerjiyle beslenir ve şarj olur.

Bu nedenle rüyasız uyku onun için en mutluluk verici andır. Ayrıca rüyasız uyku durumları mutlak barış anlarıdır. O barışı kimse bozamaz çünkü buna gücü yetmez. Aslında barış savaştan kat kat daha üstün bir olgudur.

Sadece günümüzün açgözlü politikacıları yüzünden savaşlar güç edinme aracı olarak görülür. Ama eninde sonunda onlar savaşın yıkıcı sonuçlarına katlanmak zorunda kalır. Adolf Hitler ve Benito Mussolini bunun en bariz örneğidir.

Barış Zirvesi

Beden olduğuna inanan insan yalnız kalmaktan çekinir çünkü korkunun onu yakalayacağını bilir. O yüzden kişi başka bedenlere sığınmak için kalabalık arar. Kişi kalabalığın olduğu herhangi bir yere gider ve kendini kalabalık içinde kaybeder.

Bu, yalnızlıktan bir kaçış yoludur. Ama bir süre sonra kişi kendisini en büyük kalabalıkların ortasında bile yalnız hisseder çünkü kendinden kaçamaz. Zira ebedî varlık olarak o tek başınadır ve tek gereken şey tek başınalığın tadını çıkarmaktır.

İşte barış zirvesine erişmiş insan tek başınalığın tadını çıkarır. Barışçı gerçekten kim olduğunu bilir ve kendini başkalarının içinde kaybetmez, onların safsatalarına boyun eğmez. O; kim olduğunu unutmaz, anlayışlı olmaktan uzaklaşmaz, düşüncelerin tuzağına düşmez, farkındalığını düşürmez, gerçekten kaçmaz ve uyurgezer gibi yaşamaz.

Gerçek şudur ki yeryüzündeki herkes yalnızdır ve herhangi bir birliktelik bu gerçeği değiştiremez. İnsanlar hayatları boyunca yalnızlıktan kaçar ama yalnız ölür çünkü ölümde kimse onlara eşlik edemez.

Kişi ölüm döşeğindeyken yakını onun elini tutabilir ama bu, yalnız öldüğü gerçeğini değiştirmez; sadece daha da acı verici olur. Birey ölüm anında bedeni terk edip astral düzeye geçtiğinde kimse onunla birlikte olamaz.

Herkes geride bırakılmak zorundadır ve kişi bunun acısını çeker çünkü beden olduğuna ve öldüğüne inanır. O yüzden kişi öteki dünyada huzur ve barış bulamaz çünkü bu dünyada barışa ulaşamamıştır.

Barış Korkusu

İşte ölüm anında barış içinde bedeni terk edip öteki dünyada barışa ulaşmak için birey bu yaşamda tekâmül ederek barışa erişmelidir. Aslında mutlak barış, yalnız başına bir tek başınalık zirvesidir ve o zirveye insan tek başına erişir.

Yalnızca ondan sonra birey mutlak barışı başkalarıyla paylaşabilir. Mutlak barışın güzelliği bundan ibarettir. Önce gerçek barışın ne olduğunu anlamak, barışa erişmek, barış içinde olmak ve sonra barışı herkesle paylaşmak!

Esasında insanlar barış ister ama barıştan korkar çünkü yalnız kalmaktan çekinir. Zira tek başına barış içinde olmaktansa sürü şeklinde savaşa gitmek daha güvenli gelir. Ayrıca açgözlü politikacılar çıkardıkları savaşa gitmek istemeyenleri tehdit etmekte ve hapse atmaktadır.

Örneğin, Everest'in zirvesi kalabalık olamaz. İşte bu zirvenin tüm güzelliği bundan ibarettir. İnsan o zirvede tek başınalığın tadını çıkarır. O yüzden barış insanı Everest'in zirvesi gibidir. Yani barışçı; tek başına bir barış zirvesi olur, barışı yaşar, bundan memnun olur ve bu tatminliği herkesle paylaşır.

İşte yalnızca o zaman toplumda hareket etmek, sevmek, merhamet göstermek, paylaşmak için bir barış temeli oluşur. Gerçek şu ki yalnızca barış insanı gerçekten sevebilir çünkü diğerleri "sevgi" adı altında sadece bencil ihtiyaçlarını karşılamaktadır.

Zaten bencillik içsel savaşın baş nedenlerinden biridir. O yüzden bencil insanlar sürekli içsel savaş yaşamakta ve barışa ulaşamamaktadırlar. Onlarda gerçek sevgi yoktur; bu yüzden barış da yoktur.

Barış Ebedîliği

Yalnızca barış yolcusu sevebilir çünkü sevgiyi bir köleleştirme aracı olarak kullanmaz ve "sevgi" ile başkalarını uyuşturmaya çalışmaz. İşte bencillik içinde kaybolan insan asla gerçekten sevemez çünkü kendini sevdiğine veremez.

Onun "sevgi" dediği şey aslında bir bağımlılık aracıdır. Yalnızca barış insanı koşulsuzca sevebilir, sevgisini beklentisizce paylaşabilir, kendini tamamen verebilir ve buna rağmen kendi olarak kalabilir çünkü gerçekten kim olduğunu çok iyi bilir.

Barış yolcusu kendini herkese seve seve verebilir ama bu arada kaybolmaz çünkü onun barış anlayışı hep en yüksek zirve olarak kalmaya devam eder zira mutlak barış ebedîdir. O; mutlak barış zirvesinde tek başına kalabilir, tek başınalık hazzına dalabilir çünkü kimse oraya ulaşamaz.

Herkesin öz varlığının derinliklerinde mutlak barış mevcuttur ve ona ulaştığında birey tek başınadır. Yalnızca orada insan tek başınalığın saflığını, kusursuzluğunu, güzelliğini, muazzamlığını, sonsuzluğunu ve bütünlüğünü deneyimler.

Bütün bunlara rağmen herkes yalnızlıktan korkar. Neden acaba? Çünkü birey toplumun içinde doğar, toplum tarafından büyütülür, toplumda yaşar ve tek başınalığın tadını çıkarabileceğinden tamamen bihaberdir.

Yalnızca tekâmül eden barış insanı tek başınalığın yalnızlıktan farklı bir fenomen olduğunu, tarif edilmez güzelliğe sahip olduğunu, doyurucu olduğunu, onarıcı olduğunu, zenginleştirici olduğunu ve barışın temeli olduğunu anlar.

Barış Paylaşımı

Basit gerçek şu ki tek başına olan insan, dışarıdaki hiç kimseyle kavga edemez ve savaşamaz. Tek başınalık kendiliğinden dışsal savaşın sonu ve barışın başlangıcıdır. O yüzden barış isteyen herkes bir süreliğine tek başına kalmalıdır.

Yalnızca o zaman birey tek başınalığın huzur ve barışını kalabalıklara taşıyabilir. Yani birey her yerde tek başına ve barışçıl olabilir. O zaman birey kalabalığın içinde kendini ve barışını kaybetmez.

Bu durumda birey en büyük kalabalıklarda bile uyanık, farkında ve barışçıl kalabilir. Yani barış insanı kalabalığa karışabilir, toplumun içinde her yönde hareket edebilir ama buna rağmen tek başına ve barış içinde olabilir.

Bazıları ise kalabalıktan kaçıp yalnız kalır ama huzur ve barış bulamaz. Neden acaba? Çünkü kendini toplumu düşünmekten alıkoyamaz ve kalabalığı özler. İşte bu tür yalnızlık, acı verici olur.

Peki, çözüm nedir? Tek çözüm, tekâmül ederek tek başınalığın tadını çıkarmak, tek başınayken barışın zirvesine ulaşmak ve bundan sonra kalabalığa karışarak herkesle mutlak barışı paylaşmak.

Herkes kalabalığını içinde taşır. Kişinin ebeveynleri, eşi, çocukları, arkadaşları, meslektaşları vs. zihninin içinde konuşmaya devam eder ve huzura, barışa ulaşmasına izin vermez. O yüzden dışsal kalabalıktan uzaklaşmak kolay ama içsel kalabalıktan kurtulmak çok zordur.

Barış Kalbi

Fakat insan içsel kalabalıktan kurtulamayınca huzur ve barışa ulaşamaz. Bununla birlikte birey tekâmül sayesinde içsel kalabalıktan kurtulunca, huzur ve barışa ulaşınca en büyük kalabalıklar içinde bile tek başına kalabilir.

O zaman hiç kimse bireyin huzur ve barışına müdahale edemez ve onları bozamaz. Birey bir kere içsel tek başınalık, huzur ve barışa ulaştı mı istediği zaman varoluşsal tek başınalığın, huzur ve barışın içine dalabilir.

Genelde insanın tüm duyuları dışa dönüktür. Zira gözler, kulaklar, dil, burun ve eller dışarıdaki duyu objelerini yani biçimleri, sesleri, tatları, kokuları ve dokunmayı arar – bu nedenle de kalabalığın içine girer.

Fakat hiçbir burnun koklamadığı, hiçbir kulağın duymadığı, hiçbir gözün görmediği, hiçbir dilin tatmadığı ve hiçbir elin dokunmadığı mutlak barışa ulaşmak için duyular içe dönmelidir. Bu kolay değil çünkü duyuların dışa dönük olması bir alışkanlıktır.

İşte insan tekâmül sayesinde ebedî özüne merkezlenince duyular içe döner ve aniden birey, içsel barışın kalbine varmış olur. İçsel barışın kalbine ulaşmak için insan tek başına yolculuk yapmalı, tek başınalığın farkına varmalı ve tek başınalıkla barışmalıdır.

Gerçek şu ki insan tek başınalığın içinde rahatlar ve huzur bulur. Bu, barışa ulaşmak için bir atlama taşıdır. Çoğu insan yalnızlıktan korkar çünkü yalnızlık acı vericidir. Fakat barış yolcusu tekâmül sayesinde tek başınalığın sessizliğini, güzelliğini, masumiyetini, yenileyici gücünü görür ve onun tadını çıkarır.

Barış Saflığı

Tek başınalığın getirdiği huzur ve barış saftır çünkü hiç kimse ona ulaşamaz, onu kirletemez. Mutlak barış ebediyen bakir ve saftır. Gerçek bekâret insanın ebedî öz varlığında saklıdır ve birey tek başınalığa ulaşınca hiç kimsenin duymadığı ve görmediği barışa erişir.

Zira insan tamamen tek başına olduğunda hiçbir duyunun ulaşamadığı barışı aniden fark eder. Aslında gerçek barış duyguların ötesinde olan bir fenomendir. Gerçek barışa duygusallık aracılığıyla asla ulaşılamaz.

Ancak günümüzde bütün barış yaklaşımları tamamen duygusaldır. Mesela güzellik yarışmalarını kazananlar papağan gibi, "barış, barış" diye tekrarlar ama buna rağmen gerçek barışın ne olduğunu bilmez.

Neden acaba? Çünkü onların yaklaşımları duygusaldır. Onlar sahnede, "barış, barış" diyerek poz verdikten sonra sahne arkasında birbiriyle kavga eder ve savaşır. Zira bu sözüm ona "güzellik yarışmaları" aslında "güzellik savaşları"dır.

O yarışmacılardan hiçbiri barışın "b'sini" bilmez çünkü barışı hedeflemez, yarışmayı kazanmayı hedefler ve her tür yarışma bir nevi mücadele ve savaştır. Zira onlar gerçekten kim olduklarını bilemez ve bilmek de istemez.

Çünkü gerçek bilgi, dünyevi huzur bozandır. Bir güzellik yarışmacısı beden olmadığını öğrenince huzuru kaçar çünkü bedene çok yatırım yapmıştır ve beden onun kazanç aracıdır. Kişinin yaklaşımı tamamen bedenseldir ve bedensellik huzursuzluk demektir.

Barış Formülü

Oysaki gerçek barışa ulaşmak için birey ebedî özüne dokunmalıdır. Ama nasıl? Zira kişi bedenine dokunabilir ama ebedî özüne asla. Ayrıca o, beden değildir. İnsan eli bireyin iç dünyasına giremez ve ebedî barışı içeren özüne dokunamaz.

Peki, çözüm nedir? Tek çözüm, farkındalıktır. İnsan farkındalık eliyle iç dünyasına uzanabilir ve ebedî özündeki mutlak barışa dokunabilir. Bu tarif edilmez bir deneyimdir. Bu dokunuş sayesinde insanın kalbi mutlak barış ile dolup taşar.

Ebedî barış, insanın kalbinde yükselir ve dışarı taşar. İşte küresel barış formülü şudur: Herkesin ebedî özündeki mutlak barışa dokunması, onu kalbinde yükseltmesi ve dışarıya taşırması.

Yalnızca o zaman dünya barış ile dolup taşmaya başlar ve insanlar gerçekten kim olduklarını hatırlayarak bir aile olur. Küresel barışa ulaşmanın tek yolu, herkesin ebedî ruhi varlık olduğunu hatırlayarak bedensel farklılıkları aşmasıdır.

Bu, yalnızca ruhsal düzeyde mümkündür çünkü ruh bedenin ötesindedir. İşte küresel barış için herkesin bedeninin ötesine geçmesi gerekir. İnsanın ebedî öz varlığı kalbin bile ötesindedir.

Açlık bedende, sevgi kalpte, barış ise özde ortaya çıkar. Barış ile dolu olmak en üstün olgudur. Bedenin besine, kalbin sevgiye, özün ise barışa ihtiyacı var. Ebedî barışa ulaşmak için bireyin bedeni, kalbi, zihni, duyguları ve yüzeysel olan her şeyi aşması gerekir.

Barış Taşması

İşte dış dünyadaki her şey aşılınca iç dünyadaki ebedî öz-merkez kalır. O zaman birey ebedî özüne merkezlenir ve mutlak barış ile dolup taşmaya başlar. Bu barış taşması çevredeki herkese nüfuz etmeye başlar ve onların ebedî özündeki barışı uyandırır.

Peki, mutlak barış nereden tezahür eder? Bedenden, zihinden, duygulardan, zekâdan, sezgilerden vs. değil, ebedî özden tezahür eder. Ebedî öz en derin merkezdir, gitmenin mümkün olmadığı ötenin ötesidir.

Burada sizlere hiçbir insan evladının farkında olmadığı ve bilmediği mutlak barış ile ilgili ezoterik, gizemli bilgiler aktaracağız. Bunu bilen barışı bilir ve barışa erişir. Mutlak barış ötenin de ötesindedir.

Dünyevi duygular aracılığıyla o görülemez, duyulamaz, tadılamaz, koklanamaz, dokunulamaz, yakalanamaz, hissedilemez ve hatta algılanamaz bile. Yalnızca gerçek ermişleri aşmış, ikinci kere doğmuş, insanüstü insan; mutlak barışı yaşayabilir ve yaşatabilir.

İnsanlık tarihinde barışa iki yolla ulaşmaya çalışmışlar – kafa aracılığıyla veya kalp aracılığıyla. Kafa yoranlar barış teorileri üreterek barışa teorik yollarla varmaya çalışmış ama vardıkları tek şey savaş olmuş.

Kalpçiler barışa sevgi, merhamet, şiir, şarkı, dans, romantizm vs. yoluyla varmaya çalışmış ancak tek vardıkları şey duygusallık olmuş. Zira onlar barış taraftarlarını alkışlar, savaş yapanları kötüler ve savaşta ölenler için hüngür hüngür ağlar ama barışı asla sağlayamaz.

Barış Paradigması

İşte burada insanlığa yepyeni bir barış paradigması sunuyoruz. Ne teorilerin ne de şiirlerin ne duygusallığın ne de mantıksallığın ulaştığı bir yer. Yani her ikisinin de bittiği yer. Neresidir o yer? Orası gizemler gizemi bir yer.

O yüzden kimse görememiş, duyamamış, dokunamamış, tadamamış ve ulaşamamıştır. Bu yer, barışa ulaşmanın en güçlü ve en derin olasılığıdır. O yere varmak için bütün dışa dönük yöntemler fırlatılıp atılmalıdır.

Barış arayan, dışa dönük her şeyi fırlatıp attıktan sonra ebedî özün bulunduğu, öz varlığın nabzının attığı ve varoluşla bağlantılı olduğu en derindeki öz-merkeze varmış olur. İşte yalnızca o zaman tüm kapılar açılır ve gizemler kendiliğinden çözülür.

Bazıları samimi çabalar sonucu mutlak barış kapısının eşiğine gelebilir ama orada durup teoriler üretmeye ya da şarkılar söylemeye başlar ve mutlak barışın gizemini kaçırır. Zira kişi her şeyi bildiğini düşünüp egonun tuzağına düşer.

Mutlak barış hem kafanın hem de kalbin ötesindedir. O yüzden mutlak barış için öteye geçmek gerekir. Bu şekilde birey ne mantıksallığın ne de duygusallığın kurbanı olur. Hem kafa hem de kalp bedene aittir.

Birey tekâmül sayesinde maddi bedenin ötesine geçerek hem kafanın hem de kalbin ötesine geçer. Demek ki yapılması gereken tek şey bedenin ötesine geçmektir. Peki, ötede ne var? Ötede sadece varoluşsal ve bireysel var.

Barış Kapısı

Ebedî öz varlık hiçbir dünyevi özellik taşımaz. Öteye geçen ebedî varlık sadece "var olma" hâlinde bulunur. Birey saf, ebedî varlık hâline geldiğinde mutlak barış kapısı kendiliğinden açılır.

İşte o kapıdan birey öteye geçebilir. Orada hiçbir düşünce ve duygu sisi yok. Barış ateşinin etrafında hiçbir duman yok, sadece parlayan barış alevi var. O kapıdan geçen mutlak barışın içine girmiş olur ve ebediyen barış içinde yaşar.

Barış için bir kör başka bir körü yönlendirirse ikisi de savaş çukuruna düşer. Küresel toplumdaki yönlendirenler bencil hırslarıyla kör olmuşlardır ve insanlığı savaşın dipsiz çukuruna sürüklerler.

Peki, neden insanlar bu körlerin yönlendirmesine göz yummakta? Çünkü yönlendirilmek hayati bir ihtiyaçtır. Barış isteyen herkes bu ihtiyacın farkına varmalıdır. Zira herkes ta çocukluktan beri yönlendirilmeye alışmıştır.

Şayet ebeveynler bebeği yönlendirmezlerse bebek hayatta kalamaz. Daha sonra küçük çocuğun da yönlendirilmeye ihtiyacı var. Böylece yönlendirilmek bir ihtiyaç ve alışkanlık hâline gelir.

Ardından yetişkin bile yönlendirilmek ister çünkü o zaman sorumluluk başkalarına kalır. Bu durumda barış bozulunca başkaları suçlanır. Barışın bozulmasında sorumluluğu başkalarına atmak ve her şeyden başkalarını suçlamak için insanlar hiç olmamasındansa kör bir lidere sahip olmayı tercih ederler.

Barış Ateşi

İnsanların zihniyeti bu şekildedir. O yüzden barışa ulaşamıyorlar. Zira kör liderlerin barış umurunda değil, sadece bencil istekleri umurlarında ve bu isteklerin gerçekleşmesi için savaş vazgeçilmezdir.

Oysaki aydınlanmış barış insanı bir barış kapısıdır ve onun içinden bakan, barış gerçeğini fark edebilir. Barışa ermiş olan insan, barışı öğreten kişi değildir, barışa uyandıran bireydir. O, barış bilgileri vermekten ziyade insanlara kendi varlıklarının içine bakma fırsatı veren ve barışı ebedî özlerinde görmelerini sağlayan bireydir.

Mutlak barış her zaman dünyevi kuralların ötesindedir. Barış en üstün kural olduğu için kurallara boyun eğmez. Bir insan barış içinde olduğunda her şey yolunda gider çünkü barış yanlış olana izin vermez.

Barış ile ilgili düzenlemeler anlamsızdır çünkü düzenlemeler, insanlar savaş içinde olduğu için vardır. İnsanlar barış içinde olamayıp sürekli savaş çıkardıkları için kurallar ve kanunlar mevcuttur. İşte bu kanunlar, savaş içinde olan insanların başkalarına zarar vermelerini engellemek için koyulmuştur.

Ancak yeryüzündeki herkes barış içinde olduğunda hiç kimse bir başkasıyla kavga etmez, ona zarar vermez ve savaşmaz. O zaman doğal olarak, kendiliğinden kurallara ihtiyaç kalmaz ve ortadan kalkar.

İşte nihai kural, barıştır. Lakin günümüzün küresel toplumunda cahillik nihaidir. Ayrıca bu cahillik rasyonelleştiriliyor. Cahillik her geçen gün daha da güçleniyor ve insanlar birbirlerini düşman gibi görmeye başlıyor.

Barış Kuralı

Küresel toplumu yönlendirenler barışa kör oldukları için insanları barış yoluna getirmek yerine yoldan çıkarıyor. Peki, çözüm nedir? Çözüm, herkesin yönlendirilmeye ihtiyacı olduğunu fark etmesidir.

Ama bunu fark ettikten sonra da kör olmayan bir yönlendiren bulmak gerekir. Peki; kendisi kör olan, kör olmayan bir yönlendireni nasıl bulabilir? Kesinlikle bulamaz. Kendisi kör olan, yönlendirenin kör olmadığını tespit edemez.

Günümüzde körler körleri yönlendiriyor çünkü yönlendirilenler, yönlendirenlerin kör olduğunu göremiyor. Yönlendiren kör olmadığını iddia ediyor ve yönlendirilen bunu göremediği için inanıyor ve tuzağa düşürülüyor.

Peki, çözüm nedir? Çözüm, yönlendirilenin aydınlanıp görmeye başlamasıdır. İşte o zaman yönlendirilen, yönlendirenin kör olup olmadığına dair karar verebilir ve gören bir yönlendiren bulabilir ama artık buna ihtiyaç kalmaz.

İşte bütün paradoks bundan ibarettir. Birey aydınlanıp yönlendirenin kör olduğunu gördüğünde ve artık gören birini seçme yetisine sahip olduğunda dünyevi bir yönlendirene ihtiyacı kalmaz çünkü o, ötesini göreni arar.

Zira yalnızca ötesini gören, mutlak barışın ne olduğunu bilir ve bu barışı başkalarına da aktarabilir. Ayrıca mutlak barışı kör olan değil, gören birisi görebilir. O yüzden mutlak barışı görmek için aydınlanma ön koşuldur.

Barış Anahtarı

Kör olan ise görmediği için kelimelere dayanarak yönlendireni seçer. Bu arada yönlendirenler gerçeği görmeseler de konuşmakta ustalaşmışlardır. Gerçeği görmez ve bilmezler ama anlatırlar.

Lakin barışa ulaşmak için kelimelerin kendisi değil, kelimelerin kaynağı önemlidir. Şayet kelimelerin kaynağı barış içindeyse barışa mutlaka ulaşılacaktır. Barışın anahtarı budur! Sadece barış kaynağının yanında olmak ve kelimelerin taşıdığı barışı sindirmek yeterlidir.

Barış yolcusunun varlığı barış ile titreşir, barış çiçekleri açar, onun kendine has bir barış havası vardır. Onun yanında olan barış sessizliğini duymaya başlar. Bu sessizlik, insanı barış huzuruyla doldurur, birey sevgi, şefkat ve barış ile dolup taşmaya başlar.

İşte barış kriteri budur! Kişi bir bilim insanının, din insanının veya siyaset insanının yanında bulunursa sadece karamsarlıkla dolmaya başlar çünkü onlar herkes gibi karamsardır. İşte bu nedenle kelime cambazlığı yaparlar çünkü karamsarlıklarını gizlemeye çalışırlar.

Karamsarlığı örtbas etmek için çeşitli felsefeler, teoriler, öğretiler, dogmalar vs. üretilir. Karamsar kişiler sürekli tartışırlar çünkü gerçek barışın ne olduğunu bilmezler. Oysaki barışı bilen insan asla tartışmaz, sadece barışı ifade eder.

Bir barış elçisinin yanındayken insan, onun barış dolu varlığını dinlemelidir. Yeryüzündeki herkesin barışı dinleme sanatını öğrenmesi gerekir. O zaman insan, kalbiyle barışı hissetmeye başlar ve barış yönünde değişir.

Barış Elçisi

Aslında barış, manyetik bir kuvvettir. Bu kuvvet sayesinde birey, içinde derin bir değişim olduğunu ve içsel savaşın bittiğini hisseder. Artık birey, aynı sıradan insan olmaz çünkü barış insanı olur.

İnsanın varlığı barış ışığıyla dolar, tüm savaş yükleri gider, birey barış kanatlarına kavuşur ve barış için her yere uçabilir. Barış insanı herkese mutlak barış deneyimini verebilir. Bu deneyim sayesinde birey barış insanlarını görebilir.

O zaman birey herkesi barışa yönlendirecek gözleri olan barış insanını bulabilir ve gerçek barışa erişebilir. Barış insanı herkesi mutlak barışa yönlendirir. Bunun için insanlar kendi ebedî özlerine yönlendirilir.

Her şeyi bildiğine inanan kişi, insanları hayali bir hedefe yönlendirir. Oysaki barış insanı herkesi mutlak barış kaynağı olan ebedî özüne götürür çünkü hedef, gerçek barıştır. Nihayetinde hedef insanın kendisidir yani barış dolu ebedî öz varlıktır.

Bir insan, barış dolu ebedî özüyle dinlemelidir. İşte kriter budur! Barış dolu özle barışın sessizliğini dinlemek. Aksi takdirde körler körleri yönlendirir ve hepsi savaş çukuruna düşer, savaş tarafından yutulur.

İşte savaş çukuruna düşmenin sonucu yeniden rahme düşmektir. Kişi tekrar aynı karamsar hayatın içine doğar ve acı çeker. Aynı acılar başka bir bedende tekrarlanır ve barış bulunamaz. Temelde hiçbir şey değişmez ve aynı acı dolu oyun devam eder.

Barış Kanatları

Bedenin görünüşü değişir ama geri kalan her şey aynı kalır. Kişi tekrar savaş cehennemine düşer ve orada acı çeker. Umutsuzluğa kapılır çünkü barışın kapısını bulamaz. Barışı özler ama yaptığı şey savaş olur.

Lakin insanı barış yönlendirdiğinde birey asla savaş çukuruna düşmez. Tam tersine barış boyutunda doğar ve maddi evrenin ötesine geçer. Birey, dünyevi hayatın anlamsız olduğunu anladığında dünyada doğmanın hiçbir anlamı olmaz. O zaman barış yolcusu, maddi evrenin ötesine geçer ve ebedî yuvaya döner.

Genelde insanlar barış yolcusundan kaçar. Neden acaba? Çünkü onlar savaş doludur. Savaş dolu kişi her şeyi rasyonelleştirmeye çalışır. En yaygın rasyonelleştirme, "Barış dolu olursam kendimi nasıl savunurum?" düşüncesidir.

Zekâsı uyanmamış insan bilmiyor ki barış içinde olanın kendini savunması gerekmiyor çünkü varoluş onu koruyor. Varoluş barış demektir ve barış içinde olan insanı varoluş kucaklar, bağrına basar ve onun zarar görmemesini sağlar.

Asırlardır insanlar neden savaşıp acı çektiğini ve barışa ulaşamadığını sorgulayıp duruyor. İnsanlar, "Neden savaşlar bitmiyor?" sorusuna tatmin edici yanıt bulabilmiş değiller. Fakat eğer insan kim olduğunu bulursa yanıtı da bulur.

Savaşların varlığının ve barışın yokluğunun tek nedeni insanların olgunlaşmış olmamasıdır. Olgunlaşmamış insanın farkındalığı düşük olur. O zaman kişi bir nevi uyku içinde yaşar, sanki hipnotize olmuş bir uyurgezer gibi hayat sürdürür. Bu tür hayatta asla barış olmaz!

Barış Nedir Bilmeyen İnsan

Gerçek şu ki insan evladı bedenin, zihnin, duyguların, arzuların vs. kölesi olarak doğar ve hayatı boyunca kölelik devam eder. Fakat birey bu köleliğin farkında olmaz ve özgür olduğunu zanneder.

Bununla birlikte beşikten mezara kadar insan bu köleliğe karşı mücadele eder. Doğal olarak, sürekli mücadele eden insan, barış nedir bilmez. Yalnızca tekâmül, insanı bu kölelikten azat edebilir.

Zira tekâmül sayesinde birey kullandığı beden, zihin, duygular vs. olmadığını idrak eder ve kölelikten özgürleşir. Bu tekâmülsel özgürlükle birlikte barış da gelir çünkü bitmeyen mücadele sona erer.

Buna rağmen çoğu insan bedeniyle, zihniyle ve duygularıyla oynamayı sever çünkü evrene gelme amacı oynamaktır. Zira beden olduğuna inanarak oynamak daha kolaydır ve insanlar kendilerini hayat boyu kandırmaya devam eder.

Ama bunun bir bedeli var. Nedir o bedel? Bedel, mücadele edip acı çekmek ve barışın ne olduğunu bilmemektir. Gerçek şu ki dünyevi yaşamda tamamen özgür olmak neredeyse imkânsızdır çünkü bedende olmak, başlı başına bir köleliktir.

İşte bu kölelikten kurtulmanın tek yolu tekâmüldür çünkü tekâmül sayesinde birey ebedî özüne merkezlenir ve kristalleşmiş bir varlık hâline gelir. Aksi takdirde insanın içindeki karmaşa bitmez ve barışın ne olduğu bilinmez.

Barış Alameti

İçsel karmaşa, çatışma ve savaş bireyselliği engeller ve insan, özgün bir birey gibi hareket edemez, o zaman da barışa ulaşamaz. En güçlü arzu kişiye hâkim olur ve kişi bu arzuyla özdeşleşerek özgürlüğünü kaybeder çünkü arzunun kölesi olur.

Kişi bu arzunun gerçekleşmesi için mücadele etmeye başlar ve barıştan eser alamet kalmaz. Birey en güçlü arzuyla özdeşleşir ve kim olduğunu unutur. Bu özdeşleşme ve unutkanlık tüm köleliğin kökenidir.

Birey, tekâmül sayesinde gerçekten kim olduğunu hatırlayıp bu kölelikten kurtulmadığı sürece ne özgürlük ne de barış mümkündür. Gerçekten kim olduğunu hatırlamak, mutlak barışa ulaşmak için vazgeçilmez bir ilk adımdır.

Herkesin anlaması gereken temel gerçek şudur: İnsan gerçekleşmesini istediği arzular için ağlayarak bir köle gibi doğar. Bir bebeğin doğduktan sonra ilk yaptığı şey ağlamaktır. Devamında kişi tüm hayatını ağlayarak geçirir.

Yeryüzündeki herkes farklı şeyler için ağlar. Bebek süt için, çocuk oyuncak için, ergen arkadaş için, genç seks için, yetişkin para için, ihtiyar ölmemek için ağlar. İşte bu ağlama hayat boyu devam eder ve yalnızca ölümle biter.

Aslında herkesin hayatı uzun bir ağlama seansıdır. İşte bu nedenle yeryüzünde bitmeyen acı, kölelik ve savaşlar var. Tekâmül, insan evladına özgürlük için gereken barış anahtarını verir lakin köleliğe alışmış insan bu anahtarı kullanmaz.

Barış Getirilişi

Neden acaba? Çünkü kölelik hayatı insana rahatlık sağlar. Özgürlük ve barış olmaz ama sorumluluklar da olmaz. Kişi bencil olduğu için barışa ulaşmak adına fedakârlık etmek yerine savaşmayı tercih eder.

Cahil insanlar tekâmülün sunduğu özgürlük ve barıştan yararlanmaktansa hiçbir işe yaramayan inanç öğretileri üretmektedir. Bu inanç öğretileri özgürlük vermeyen ve barış sunmayan farklı kölelik türleridir.

Aslında inanç öğretileri yapılanmış ve organize edilmiş hapishane çeşitleridir. Bu inanç öğretileri barış yerine savaşlara neden olur çünkü inanç öğretileri aracılığıyla insanlar üzerinde hâkimiyet kurmak istenir. İnsanlar bu öğretilere inanarak ne özgürlüğe ne değişime ne de barışa ulaşır.

Bir insan sahte bir şekilde yaşayabilir ama sahte bir biçimde ölemez çünkü ölümü gerçek olur. Tıpkı bunun gibi sahte inançlar gerçek barışı getiremez, onlar ancak gerçek savaşı ve gerçek ölümü getirir.

Bir inanç hiçbir şeyi çözüme ulaştırmaz, sadece daha fazla karamsarlığa ve depresyona neden olur. Kişi ne kadar inanmaya çalışırsa o kadar delirir çünkü ebedî özünün derinliklerinde birey bu inancın sahte olduğunu bilir.

Rahipler insanların zayıf noktalarını tespit ederek onlardan faydalanır; inanç bir esarete, ritüel ise bir köleliğe dönüşür. Aslında inanç oyunu özgürlük ve barış adı altında insanı zincirler ve zindana atar.

Barış Simyası

Savaşın ateşi sıcak, barışın ateşi ise soğuk, arındırıcı, yenileyici ve tazeleyicidir. Barış ateşine giren insan, savaş için yok olur ve bir Anka kuşu gibi yeniden doğar. Zira barış ateşi cehalet, sefalet ve eziyet denen unsurları yakıp kül eder.

Bu küllerden bilgelik, zenginlik ve coşkunluk doğar. Bu arada insanın içinde var olan kalabalık, acılarının ana kaynağıdır. Barış ateşi, içsel kalabalığı yok eder ve kristalleşmiş bir merkez ortaya çıkar.

Barış ateşi simyasal bir güce sahiptir. Bu ateşten geçen birey kristalleşir ve ebedî özüne merkezlenir. Barış ateşinden geçen birey önce sıvılaşır, sonra saflaşır ve nihayetinde barış kalıbına dökülür.

Birey barış ateşinden geçerken yanlış olan her şey yanıp kül olur, doğru olan her şey sıvılaşır, bir olur ve kristalleşir. Barış ateşinden geçtikten sonra sonsuz bir sessizlik söz konusudur. O yüzden barış arayan korkularını yenmeli, tüm cesaretini toplamalı ve barış fırınından geçerek saflaşmalıdır.

Barış arayan, barış fırınından çıktığında farklılaşır ve yeni bir insan olur – barış insanı. İçsel savaş kalabalığı gitmiş ve barış tek başınalığı gelmiştir. Barış simyası sayesinde savaş demiri, barış altınına dönüşmüştür.

Simyasal barış dönüşümü modifikasyon değil, mutasyondur. Yani geçmişten gelen düzeltilmiş değil, tamamen dönüştürülmüş olur. Yalnızca o zaman savaşın kökü kurutulur ve barış çiçekleri açmaya başlar.

Barış Kalıbı

Mevcut olanı yamayarak barış devrimi gerçekleştirilemez. Eskinin yamanarak yeniye dönüştürülmesi imkânsızdır. İnsan var olanı geliştirerek barışa ulaşamaz çünkü ulaştığı şey geliştirilmiş savaş olur.

İçsel savaş yaşayan insanın kendini geliştirmesi barışa vardıramaz. Zira kişi savaş hastalığının ta kendisidir. Kişinin kendini geliştirmesi savaş hastalığının gelişmesi demektir. Savaşın çirkin suratına bir maske takılabilir ama savaş hastalığı var olmaya devam eder.

Savaşın barışa dönüşmesi için geçmişin devam etmemesi gerekir - yamalar hiçbir işe yaramaz. İnsan barış ateşinde erimeli ve barış kalıbından yeni bir barış insanı çıkmalıdır. Savaş insanı ölmeli ve barış insanı doğmalıdır.

Bu, barış için yeniden dirilmek demektir. Eski savaş gider ve yeni barış gelir. Yeni barış eski savaştan çıkmaz çünkü onun devamı değildir, yepyeni bir şeydir. Gerçek barış yeniden doğar çünkü o, eski savaşın devamı veya değiştirilmiş şekli değildir.

Eski savaş ile yeni barış arasında büyük bir fark var. Eski savaş ölür ve yeni barış doğar. Bu iki olgu arasında neden/sonuç bağlantısı yoktur. Günümüz insanının bunu anlaması çok zor çünkü bilimsel eğitim almış zihin neden/sonuç ilişkisini saplantı hâline getirir.

Savaş bittiğinde barış başlar ama savaş barışın kaynağı değil. Zira barış ışıktır, savaş ise karanlık. Tıpkı bunun gibi karanlık bir odada pencereyi açınca içeri ışık girer ve karanlık yok olur fakat karanlık ışığın kaynağı değildir.

Barış Devrimi

Işık karanlıktan kaynaklanmaz, tamamen farklı bir fenomendir. Işık odanın dışındadır ve pencere açılınca içeri girer. Işığın sadece bir giriş noktasına ihtiyacı vardır. Tıpkı bunun gibi barış savaşın dışındadır ve savaşın bitişi barışın giriş noktasıdır.

Barışseverler barış için bir giriş noktası inşa eder. Tıpkı ışığın gelişinin karanlığın gidişi olması gibi barışın gelişi savaşın gidişidir. Barışın gelişi geçmişle ilişkili değildir ve barış, savaşın devamı değildir.

Barış ile savaş farklı boyutlarda mevcut olan farklı varoluşlardır. Mutlak barış bir mucizedir, savaş ise sıradan bir olay. O yüzden süreklilik şeklinde düşünen zihin bu mucizeyi anlayamaz. Oysaki barış bir transformasyon yani dönüşüm sonucu ortaya çıkar.

Barış olmadan insan tatmin olamaz, kısır bir rahim gibi hiçbir şey doğuramaz, yok yere yaşamış olur, hayatın anlamını bulamaz ve hiçbir yere erişemez. Birey hızla koşmasına rağmen hiçbir yere varamadığı bir kâbus görmüş gibi olur. Şayet insanın kalbinde barış çiçekleri açmazsa tüm hayatı boşuna harcanmış olur.

Gerçek şu ki bir tohum içindeki öz varoluşunun amacını gerçekleştirmek için ölü kabukla savaşmaya başlar, onu yıkıp yeryüzüne erişir, sonra da bir ağaç olup gökyüzüne ulaşır. Ancak bu, savaşı öz kazanırsa gerçekleşebilir.

Tıpkı bunun gibi bebek hayatta kalmak için rahimden mücadele ederek çıkar ve ancak güçlü savaşçılar hayatta kalır. Yeterince güçlü olmayan bebekler doğum sırasında ölür. Yani bir insan evladının hayata gelişi savaşla başlar.

Barış Bir Transformasyon Sonucudur

Bazen de hayattan gidişi savaş yüzünden olur. Barışı bulamayan insanın hayatı savaşla başlar ve savaşla biter. Bir insan doğum ve ölüm savaşları arasında mutlaka barışı bulmalıdır. Bu buluş, insanı bütün savaşlardan azat eder.

Lakin doğum ve ölüm savaşları arasında barışı bulamayan insan öteki dünyada da savaşmaya devam eder ve huzuru bulamaz. İşte bebek savaşarak doğar ve hayatta kalmak için savaşmaya devam eder.

Bu bir "savaş alışkanlığının" ortaya çıkmasına neden olur. O yüzden bebek büyüyünce ebeveyn ve kardeşlerle savaşır. Sonra anaokulunda küçük arkadaşlarıyla savaşmaya devam eder.

Daha sonra okul savaşları başlar. Sonra da sınavlarda savaşarak üniversiteye girer ve üniversite savaşları başlar. Bundan sonra kişi iyi iş bulmak için savaşır ve işe girince meslektaş savaşları başlar.

Kişi iyi bir kazanç elde edince eş bulma savaşları başlar ve evlenince aile savaşlarıyla devam eder. Kişinin çocuğu olunca çocuğu büyütme savaşları başlar ve bu savaşlar bitmek bilmez. Birey yaş aldıkça hastalıkları yenmek için savaşır ve kişi yaşlanınca ölümle savaşmaya başlar.

Hayatının sonunda kişi ölümle olan savaşını kaybeder ve ölür. Ama huzura kavuşamaz çünkü ölümden sonra öteki dünyada diğer bedenlenmemiş varlıklarla savaşır. İşte beşikten mezara ve mezardan beşiğe ebedî varlığın tek bildiği şey savaşmaktır.

Barış Seçimi

O yüzden savaşlar bitmiyor çünkü herkesin savaşma alışkanlığı var ve bu alışkanlık sadece bu hayatta edinilmiş bir alışkanlık değil. Ebedî varlık savaşma alışkanlığını binlerce önceki yaşamlarda edinir ve evrenin sonuna kadar savaşmaya devam eder.

Peki, çözüm nedir? Tek çözüm, tekâmül ederek gerçekten kim olduğunu anlamak, ebedî özündeki mutlak barışa ulaşmak ve savaş alışkanlığını sona erdirmektir. Aksi takdirde bir insan savaş alışkanlığından asla ve asla kurtulamaz.

Bunun için ne yapmak gerekir? Bunun için seçim yapmak ve karar vermek gerekir! Barış mı, savaş mı? Savaşı seçen hayat boyu savaşır, huzur bulamaz ve ölüme yenilir. O, ne bu dünyada ne de öteki dünyada huzur ve barış bulur.

Barışı seçen ise ebedî özüne merkezlenmeli ve özündeki mutlak barışa erişerek huzurun tadını çıkarmalıdır. O, ölümsüzlüğünü idrak eder ve ölüm korkusu, huzurunu bozmaz. Barış insanı ne hayatla ne de ölümle savaşır çünkü bunun anlamsızlığını anlar.

O hem hayatla hem de savaşla barışır ve her ikisini de bağrına basar. Barış ile savaş ikiliği bir olur ve mutlak huzur ile saadet ortaya çıkar. İşte yalnızca mutlak barışa ermiş insan yeryüzüne barış getirebilir.

Barışı seçen ve barış içinde olmaya karar veren insan barış yolculuğu yapar ve savaşa geri dönüşün olmadığı bir noktaya gelir çünkü barış ateşinden geçerken bir anlığına dahi olsa mutlak barışın tadını alır.

Barış Tadı

O zaman barış ateşi, ateş olmaktan çıkar ve yakıcı değil, yatıştırıcı, huzur verici olur. Bir insan, hayatında bu kadar huzur verici başka bir şey bulamaz. Lakin barışı seçmek için cesareti olmayan insan, hayat boyu sorunlar yaşar.

Bu dünyada kimse yeni değil çünkü herkes defalarca bu dünyada bedenlendi. Burada bulunan herkes yeryüzünden daha da yaşlıdır çünkü başka gezegenlerde de beden aldı. Herkes bu maddi evrenden daha da yaşlıdır çünkü herkes ebedî ruhi varlıktır, evren ise fânidir.

Bütün ebedî varlıklar her zaman var oldular zira ebediyen varoluşta bulunmaktaydılar. Hiç kimse varoluşun dışına çıkamaz çünkü varoluş her şeyi kapsar. Herkes her zaman varoluşun içsel bir parçasıdır zira ebediyen varoluştaydı.

Maddi evrende oyun oynamak için bedenlenenler her zaman savaş sorunuyla yüzleşti ve her zaman barış çözüm oldu. Zira barış çözümlerin çözümü, savaş ise sorunların sorunudur. Herkes barış için çekim hisseder çünkü barış manyetik bir kuvvettir.

Fakat insan barış ateşinin dönüştürücü gücünü görünce korkup kaçar çünkü değişmek istemez. İşte barıştan kaçanlar bu dünyada hâlen dolanıyorlar. Lakin insan aydınlanıp başka yolun olmadığını idrak edince barış ateşinden geçmeye karar verir.

İşte yalnızca barış ateşi aracılığıyla varoluşsal gerçek ortaya çıkar. Peki, nedir o varoluşsal gerçek? Varoluşsal gerçek, senin ölümlü bedende bulunan ebedî varlık olmandır ve tüm acıların nedeni bu gerçeği bilmediğinden barışa ulaşamamandır.

Barış Kararı

Barış ateşi, insanı saflaştırır ve bencilliği eritir. O zaman barış enerjisi insanın içindeki acı verici boşluğu doldurur ve huzur ortaya çıkar. O zaman coşkunluk meydana gelir ve birey sonsuz barış içinde kalır.

Bütün acılar buharlaşır ve barış bireyin doğal hâli olur. Yani barış dışarıdaki bir şey aracılığıyla ortaya çıkmaz, içten gelir. Zira barış dışarıdaki bir şey aracılığıyla oluyorsa sonsuz olamaz çünkü dışarıdaki şey gidince barış da gider.

Birey ebedî özüne merkezlenince coşkunluk, huzur ve barış onun içinde sürekli olarak var olur. Barış yolcusu onları ebedî varlığının bir parçası olarak kabul ettiğinde hiç kimse onları ondan alamaz ve yok edemez.

Bu arada tekâmül sayesinde bireyin varlığı saflaşmakta, kristalleşmekte, simyasal dönüşüme uğramakta ve barışlaşmaktadır. Savaş dolu eskinin gitmesi için barış dolu yeni gelmelidir. Barış dolu geleceğin doğması için savaş dolu geçmişin ölmesi gerekir.

Bütün bunların gerçekleşmesi için barış yolcusu son derece kararlı olmalıdır. Zira yalnızca barış konusunda son derece kararlı insan, gerçek barışa erişebilir. Ayrıca barış kararı yeryüzünde verilebilecek en önemli karardır.

Bir insan barış kokusunu aldığında derhâl harekete geçmelidir. Oysaki teselli verenler sadece inanca yapışanlardır – onlar asla ermiş olamaz. Buna rağmen aptal insanlar barış değil de tesellinin peşinde oldukları için bu lafazanları, palavracıları çekici bulabilir.

Barış Kokusu

İnsanlar acı çektikleri için rahiplere gider çünkü teselli arar. Rahipler bir nevi "terapisttir", yatıştırıcıdır; insanları dinler ve onları teselli eder. "Sabırlı ol, sadece dua et ve tanrı yardım edecek!" diyerek umut verirler.

Teselli edip umut vermek çok önemlidir çünkü insanlar umutlar sayesinde ayakta kalır. İnsanlar hayatta kalmak için umut arar ve rahip bir umut verme makinesidir. İnsanlar suçluluk hissettikleri için rahibe gider.

Rahip kişiyi dinler ve "Tanrı merhametlidir, günahlarını bağışlayacak. Bağışlanmak için bağış yap çünkü bağış, günahlarını telafi eder!" der. Kişi bağış yapar ve bağışlanacağına inandığı için rahatlar ama barışı bulamaz çünkü bağışlanmak için tanrıya rüşvet vermeye çalışmaktadır.

Aslında bütün bunlar asırlar boyunca oluşturulmuş stratejilerdir. Önce insan evladını günahkâr ve suçlu hissettirmek, sonra da günahların bağışlanması için bağış toplamak. Bu bağışlar ne negatif eylemleri telafi eder ne de barış getirir.

Bir insan ektiğini mutlaka biçer. Bu evrensel yasadır. Her aksiyonun reaksiyonu, her etkinin tepkisi ve her ekimin biçimi var. İnsan tanrıya rüşvet vererek bundan kurtulamaz. Fakat saf insanlar buna inanmak ister çünkü huzur ve barış arar.

Gerçek şu ki teselli yöntemleri ne dönüşüme ne de barışa neden olabilir. Zira insan ne kadar bağış yaparsa yapsın değişim ve dönüşüm gerçekleşemez. İnsan eskisi gibi kalır, değişmez, huzur ve barışı bulamaz.

Barış Rahatlığı

Açgözlüler zengin olur çünkü başkalarının parasına çöker. Bir süre sonra kişi açgözlülük yüzünden acı çeker ve suçluluk duyar. Bu acılardan kurtulmak için kişi bağış yapar ama bağış dönüşüme neden olamaz.

Eskiden kişi başkalarının elindekini kapmış ve ceplerini doldurmuştur, şimdi ise tıka basa dolu ceplerinden başkalarının eline verir ama içsel olarak değişemez; o yüzden de barışı bulamaz. Kişi sadece açgözlülükten bıkmış çünkü açgözlülük büyük bir stres kaynağıdır.

Lakin bağış aracılığıyla bu bıkkınlık barışa dönüşemez. Yani dünyasal bağış barış getiremez. İnsanlar bağışçıları takdir eder ama dünyasal takdir değişime neden olamaz. Açgözlü kişi insanları sürekli kandırdığı için suçluluk duyar ve bu duygudan kurtulmak için bağış yapar.

Fakat kişi suçluluk duygusunu atsa bile huzur ve barışa ulaşamaz. Genelde bağış bir rahatlama hissine neden olabilir ama barışa neden olamaz. Zira bencillik devam eder. Dünyevi bağış yapan insan bunu bencillikten yapar çünkü bağış ona iyi bir insan olduğu hissini verir.

Yani kişi kendisini iyi hisseder ama barış içinde hissetmez. Kişi kötü şeyler yaptığı ve suçluluk hissettiği için iyilik yaparak hesabı dengelemeye çalışır ama barış konusunda maalesef ilerleme kaydedemez.

Yani bağış, insanı değiştirmez sadece iyi hissettirir ama içteki savaş devam eder. Hatta daha da şiddetlenebilir çünkü zihnin bir kısmı bağışa karşı çıkar ve zihnin bağış taraftarı olan kısmıyla tartışır, sürekli savaşır.

Barış Oyunu

Aslında bağış, kurnaz zihnin bir oyunudur ve bu oyun barışı getiremez. Zira kurnaz zihin sürekli hesap kitap yapar ve bağışın getirilerini tartar. Gerçek şu ki bağış, insanı değiştirmez; barış ise değiştirir.

Para önemli olduğu için kişi onu biriktirir ve hâlen önemli olduğu için parayı bağışlar. Kişi daha önce para biriktirmekte başarılıydı, şimdi ise para bağışlamakta. Paraya saplantılı olduğu için kişi para biriktirir ve para bağışlarken de saplantılı olmaya devam eder. Yani değişen bir şey yok.

Kişi para bağışlayarak başkalarına hizmet ettiğine inanıyor ama bu inanç barışa neden olmuyor. Sadece açgözlülük yön değiştiriyor. Para biriktirmeye yönelik açgözlülük negatiftir, para vermeye yönelik açgözlülük ise pozitif.

Yani açgözlülük yön değiştirse bile kişi değişmez çünkü para için savaşmaya devam eder. Kişi para bağışlamak için savaşsa dahi barıştan mahrum kalır ve başkalarını da mahrum bırakır.

Yalnızca tekâmül yolunda yapılan bağış barış getirebilir çünkü birey bağışı gerçekleştirmek için savaşmaz. Ayrıca tekâmül yolunda insan her şeyi bağışlayabilir ve bağışlayarak barışır. Zira tekâmül yolunda birey nefesini bile tekâmüle bağışlar ve bağışlanır.

Bazen insanlar cinsellikten vazgeçiyor ama bu vazgeçiş değişime neden olmuyor çünkü cinsel dürtüyle içsel savaş devam ediyor. İşte yalnızca tekâmül sayesinde insan cinsellikten vazgeçmeden cinsel dürtüyle barışabilir çünkü cinsellik onu artık rahatsız etmez ve huzurunu bozmaz.

Barış Yapmak

Oysaki inkâr etmek ve kabul etmek iki kutuptur ve zihin bir kutuptan diğerine doğru sürekli hareket eder. O yüzden cinsellikten vazgeçenler sürekli onu lanetler çünkü devamlı olarak cinselliği düşünürler.

Zira bir şeyi inkâr etmek; ona savaş açmak ve barışı bulamamak demektir. Aslında kişi cinselliği seçse de inkâr etse de cinsellikle uğraşmış olur ve cinsellikten uzaklaşamaz. Dünyevi düzeyde hiç kimse cinselliği hayatından çıkaramaz çünkü cinselliği inkâr etmek, sadece kabul etmenin diğer yüzüdür, cinsellik hâlen oradadır.

Yani cinselliği inkâr etmek bir olanaktır ama yok etmek olanaksızdır. Aslında bir insanın cinsellikten vazgeçmesi de cinsellik konusunda bir seçim yapmasıdır. Esasında cinselliği inkâr eden kişi cinselliğin önemini onaylamış olur.

Şayet cinsellik önemsiz bir şeyse kişi neden onu inkâr etsin? İnkâr etmenin kendisi önem vermenin ta kendisidir. Ayrıca cinselliği bastıran herkes bastırdığı şeyi besler ve güçlenmesine neden olur.

İşte güçlenmiş cinsel dürtü kişiye savaş açar ve onu yerle bir eder. Oysaki tekâmül yolcusu cinsel dürtüyle savaşmaz, onunla barış yapar. İşte yalnızca o zaman birey cinsellikten ne elini eteğini çekmiş ne de kendini onun içine gömmüş olur. Yani her ikisinden de özgürleşmiş hâle gelir.

Bu durumda birey cinsiyet olgusunu aşar, kendini ne erkek ne de kadın bedeniyle özdeşleştirir, ebedî ruhi varlık olarak hareket ederek erkeklik ve kadınlık olgularının ötesine geçer. Bu, cinsel dürtüden büyük bir özgürleşme vakasıdır.

Barış Meydanı

Bu özgürleşme ile birlikte içsel ve dışsal barış meydana gelir. Zira birey eril ve dişil enerjilerinin içsel çatışmasından kurtulur. Aslında bu çatışma bütün savaşların nedenidir. Çünkü asırlar boyunca erkekler kadınlar için savaşmış ve birbirini öldürmüştür.

Esasında bu, "en güçlünün hayatta kalması" prensibinin bir tezahürüdür. Bu, doğada da görülebilir. Eril hayvanlar dişiler için savaşır ve en güçlü olan eril, dişilerle çiftleşir ve onları dölleyerek yavrular hayata getirir.

Tıpkı bunun gibi erkeğin hayvani içgüdüsü onu kadın için savaşmaya mecbur kılar. Kadındaki hayvani içgüdü en güçlü erkeği seçmesine neden olur. Zira en güçlü erkek kadına güçlü çocuklar ve güvenli koruma sağlar.

İşte doğadaki türün devam etmesi için hayvanlar sürekli savaşır ve hayvani içgüdü erkeklerin de kadınlar için savaşmasına neden olur. Bu savaştan kurtulmanın tek yolu tekâmül ederek içindeki eril ve dişil enerjilerin çatışmasından özgürleşmektir.

O zaman birey dışarıdaki erkek ve kadınlarla savaşmayı bırakır. Zira birey ne kadın ne de erkek olduğunu idrak eder ve ebedî ruhi varlık gibi hareket ederek bütün kadın ve erkek bedenlerinde ebedî ruhi varlığın olduğunu görür.

Bu kavrayış, insanı erkeklerle ve kadınlarla savaşmaktan kurtarır ve ebedî özdeki barışa kavuşmasını sağlar. Kısacası yeryüzündeki savaşların temel nedeni insanların cinsel dürtünün kölesi olmasıdır çünkü kölelik mutlaka savaşa neden olmaktadır.

Barış Yoksunluğu

Eril ile dişil iki kutuptur ve birey bu iki kutbun ötesine geçmediğinde içsel çatışma ve dışsal savaş devam eder. Zira kişi kutuplardan birine takılıp kalır ve hayatı boyunca hem hemcinsleriyle hem de karşı cinsle didişir.

Açgözlülük de barış yoksunluğunun temel nedenlerinden biridir. Yeryüzünde iki tür açgözlülük var – pozitif açgözlülük ve negatif açgözlülük. Negatif açgözlü sadece kendini düşünerek para biriktirir ve toplumu karşısına alır.

Pozitif açgözlü ise bağış yapar ve toplumu yanına alır. Fakat bu sefer de açgözlülük paradan takdire kayar ve hiçbir şey değişmez. Kişi açgözlü olmaya devam eder sadece parayı "iyi insan" imajını satın almak için kullanır.

Cinselliği baskılayan paraya düşkün olur, parasız ise cinselliğe. Yani zihin bir kutuptan diğerine savrulur ama değişmez. Baskılama, insanı sahteleştirir çünkü gerçeklerden uzaklaştırır.

Açgözlü kişiye: "Bağış yap! Çünkü öteki dünyada ödül alacaksın." deniyor, sonuç olarak kişi öbür dünyadaki ödül için açgözlü oluyor. Bu dünyadaki bağışı öteki dünyadaki ödül için yapıyor. Yani açgözlülük sadece boyut değiştiriyor.

Zihin bir şeyden hızla sıkıldığı için bir uçtan diğer uca ilerlemekten hoşlanır. Değişmek istediği için değil, sıkıldığı için. Çünkü zıtlıklar zihni canlandırır ve heyecanlandırır. Örneğin aynı kişiyle beraber olan kişi, ara sıra kaçamak yapar çünkü bu; zihni heyecanlandırır, hareketlendirir ve yaşadığını hissettirir.

Barış Krallığı

Mesela aşırı beslenen kişi bir gün yemekten sıkılır ve aç kalmayı tercih eder. Değiştiği için değil, sıkıldığı için. Beslenmemek kişiyi iyice acıktırır ve kişi daha da açgözlü bir şekilde beslenmeye başlar.

Bir çift seviştiğinde bedenleri tatmin, zihinleri ise bıkmış olur. O yüzden çoğu insan seviştikten sonra ayrılır. Birkaç gün sonra beden enerjiyle dolar ve cinsel dürtü güçlenir. Bu nedenle çiftler ya tekrar bir araya gelir ya da başka birisini bulur.

Bu, kutupluluk olgusunun sonucudur ve neticede kişiler mücadele eder ve savaşır. Kişi kaçamak yapmışsa eşi onunla acımasızca savaşır ve hatta öldürebilir. Hiçbir inanç öğretisi bu savaşı durduramaz.

İşte inanç öğretisi ile tekâmül bilgeliği arasındaki fark budur! İnanç öğretisi, insanı bir kutuptan diğer kutba hareket etmek için zorlar ve savaş içinde bırakır çünkü dönüşüm gerçekleşmez.

Oysaki tekâmül yolu, insanın kutupların ötesine geçmesini ve savaşın barışa dönüşmesini sağlar. Zira tekâmül ateşi, kutupları yakıp kül eder ve bu küllerden yepyeni bir barış doğar. Yeniden doğmuş bu barış, kalıcı bir barış olur.

Pozitif ve negatif açgözlülük tekâmül sayesinde tamamen yok olduğunda barış krallığı ortaya çıkar. Barış krallığı uzakta değil, onu uzaklarda aramak gerekmiyor çünkü o her zaman ebedî özde yer alıyor.

Barış Yağmuru

Sadece dünyevi arzular yüzünden insan, özdeki barışı göremiyor ve ona ulaşamıyor. İnsan dünyevi isteklere saplantılı bir durumdayken barışın krallığına erişemez. Tek ulaşabileceği yer, isteklerin gerçekleşmesi için verilen savaştır.

Bir insanın gözleri açgözlülük ile dolu olduğunda gözleri dumanlanır ve gerçeği göremez. Lakin tekâmül sayesinde dünyevi arzuların neden olduğu sis perdesi kalktığında barış gerçeği net bir şekilde görülebilir.

Kazanılan bu netlik sayesinde birey barış krallığını ebedî özünde görür. Aslında barış krallığı her zaman orada fakat dünyevi arzularla perdelenmiş gözler onu göremez. Dünyevi arzular umutlara, hayallere, beklentilere, düş kırıklıklarına, gözyaşlarına vs. neden olur.

Bütün bunlarla dolu olan gözler, barış gerçeğini net bir şekilde göremez. İşte tekâmül sayesinde gözler arzulardan, umutlardan, düşlerden, beklentilerden, rüyalardan, hayallerden, korkulardan, endişelerden vs. arındığında birey ilk defa bir anlığına da olsa barış gerçeğini görür.

Aydınlanmış bilgenin yanındayken birey, barış yağmurundan geçer. Barış yağmuru bireyin tüm arzularını, umutlarını, hayallerini, rüyalarını, beklentilerini, düş kırıklıklarını, korkularını, geçmişini ve geleceğini silip süpürür.

O zaman birey barış ile arınmış şekilde şimdi ve burada bulunur. Geçmiş ve gelecekten serbest kalmış enerji içe döner ve barışsal bir dönüşüm gerçekleşir. Zira dışarıda aranacak hiçbir şey kalmamıştır çünkü geçmiş artık geçmiştir, gelecek ise henüz gelmemiştir.

Barış Gerçeği

Dışarıda gidecek hiçbir yer kalmadığında enerji içe döner çünkü enerji hareket etmek zorundadır. Dışarı gitmek için bir neden olmadığında tüm enerji içeri döner ve barış krallığının tezahür etmesini sağlar.

Bir insan yalnızca bütünsel barışa teslim olduğunda mutlak özgürlüğe erişir. Özgürlük için teslimiyetin gerekmesi çelişkili görünebilir. Lakin bu sadece dünyevi arzularla kirletilmiş zihne çelişkili gelir çünkü zihin, özgürlüğü her istediğini almak gibi görür.

Esasında ise bencil isteklerin gerçekleşmesi için uğraşmak, gerçek bir köleliktir ve savaşın ön koşuludur. Oysaki barışa teslim olmak, savaştan özgürleşmek demektir ve böyle bir özgürlük gerçek özgürlüktür.

Gerçek şu ki hayat boyunca dünyevi arzuların köleliğinde yaşamış insan sadece köleliği biliyor, barışsal özgürlüğün ise ne olduğunu asla bilmiyor. İnsan evladı yeryüzünde gittiği her yerde kölelikle karşılaşır çünkü her taraf köle avcılarıyla kaynıyor.

Küresel toplumdaki politik, ekonomik ve ideolojik çıkar grupları çeşitli stratejiler kullanarak herkesi köleleştirmeye çalışıyor. Ayrıca sevgi adına yapılan her şey köleleştirici oluyor. Sevginin özgürleştirici olması gerekirken dünyevi ilişki boyunduruğu insanları resmen köle yapıyor.

İnsanların özgürlük adına yaptıkları her şey bir nevi köleliğe dönüşüyor. Kişiler ne yapmış olurlarsa olsunlar dünyanın dört tarafında hapishaneler yaratmış olurlar ve bu hapishanelerde ömür boyu çürümeye mahkûm bırakılırlar.

Barış Anlayışı

Asırlardır insanlar özgürlük adına her tür zindan üretmiştir. Özgürlük için savaşmak da bir nevi köleliktir çünkü özgürlük için savaşmak değil, barışmak gerekir. Aslında dünyevi düzeyde olan her şey bir nevi köleliktir ve kendini köleleştiren insan evladı özgürlük için savaşır.

Yani bütün paradoks bundan ibarettir: İnsan önce kendisini çeşitli şekillerde köleleştirir, sonra da ürettiği zindandan kurtulmak için savaşır ve barışı bulamaz. Zira herkes çok sayıda köleliğin yükü altında ezilir.

Peki, çözüm nedir? Çözüm, bedenin kendisinin bir kölelik olduğunu anlamaktan geçer. Şayet insan kendinin beden olduğuna inanıyorsa bedenin köleliğine mahkûm olur çünkü bütün hayatı ölümlü bedene hizmetle geçer.

Lakin tekâmül yolunda insan fâni beden değil, ebedî varlık olduğunu anlar ve bedenin kölesi olmaktan özgürleşir. İşte bu, gerçek özgürlüktür ve insanı gerçek barışa ulaştırır. Zira insan, kölesi olduğu bedeni için savaşmayı bırakır.

Gerçek barış varoluşsal teslimiyet ister ve bunu duyan zihin barışın da bir kölelik olduğunu düşünmeye başlar. İşte çoğu insanın kurbanı olduğu yanılgı budur! Zira onlar barışın bir zayıflık, savaşın ise bir güç olduğuna inanır. Aslında bu durumda olan insan zihni gerçek barışın ne olduğunu anlayamaz.

Dünyevi hayat boyunduruğu çok ağırdır çünkü etraftaki herkes başkalarına hükmetmeye ve emirler yağdırmaya çalışır. Güçlü, zayıf olanı köleleştirmek ve kullanmak için çabalar ama bir süre sonra ondan daha güçlü biri ortaya çıkar ve onu köleleştirir.

Barış Alarmı

Zira köleleştiren köleleştirilecektir. Bu, evrensel bir yasadır. Yalnızca tekâmül yolcusu köleleştirmekten ve köleleştirilmekten tamamıyla özgürleşir ve mutlak barışa kavuşur. Zira köleleştirmek durmadan savaşmak demektir.

Barış adına varoluşa teslim olmayan insan, özgürlüğü seçtiğine inanır. Oysaki "özgürlük" adı altında köleliği seçer. Zira zihnin kendisi ve ürettiği düşünceler birer köleliktir. Ayrıca dünyevi bencil istekler ve hayaller de köleleşmenin başka bir yoludur çünkü insan, isteklerinin kölesi olur.

Gerçek şu ki insan dışarıdan gelecek tekâmülsel bir yardım olmadan bencil istekleri aşamaz, zihnin ötesine geçemez, özgürlük ve barışı bulamaz. İnsan evladı beden, zihin ve duygu hapsinde o kadar uzun süre kalmıştır ki buna alışmış ve normal olduğuna inanmıştır.

İnsan ürettiği hapishanelerin evi olduğunu zannediyor ve orada mutlu olmaya çalışıyor. Kişi bu hapishanelerde kendini güvende hissediyor ve oradan çıkmak istemiyor çünkü korkuyor. Bu hapishanelerden çıkış yolunu bilen ve yardım eden bir insan olmadan kişi oradan asla çıkamaz.

Barışa ermiş olan demek bu hapishanelerden kurtulmuş olan demektir. İşte bu tür insan başkalarının da hapisten çıkmasına ve barışa ermesine yardım edebilir. Uykuda olan insan, savaş hapishanelerinden çıkamaz çünkü mutlaka uyanması gerekir.

O yüzden barış ermişi dışarıdan bir barış alarmı kullanır ve uyuyanları barış için uyandırmaya başlar. Buna rağmen derin uykuda olanlar uyanmamak için bir rüya üretebilir. Bu rüyada kişi bir yangın görebilir ve onu uyandırmak için çalan alarmın itfaiye araçlarının sireni olduğunu sanabilir.

Barış Ermişi

Zihin böyle bir rüya üreterek kişinin uyumaya devam etmesini sağlayabilir. O yüzden sürekli barış alarmını çaldıran, uyanık olan, insanların rüya üreterek uyumasına izin vermeyen, herkesi bilgelikle sarsmaya devam eden merhametli birine ihtiyaç var.

Bütün bunlara ve etraftaki acımasız efendilere rağmen birçok insan barış için savaş rüyalarından uyanmak istemez. Bütün savaşlar bir nevi rüya ve köleliktir ama uyurgezer insanlar bunun farkında bile değil.

Herkesin yaşadığı dünyevi kölelik son derece ağırdır ancak hiç kimse bunun farkında bile değil. Ama eğer insan bu köleliğin farkına varırsa ondan özgürleşmeye ve barışa ermeye başlar. Tüm dünyevi istekler insanı zarar verici ve barışı bozucu hedeflere doğru yönlendirmektedir.

İnsan bu hedeflere doğru ilerlemediğinde mutsuz hisseder ama ilerlediğinde de hayal kırıklığına uğrar. Her an yeni istekler ortaya çıkar ve her istek kişinin efendisi olur. İşte kişi birçok efendiye köle olunca hayatı karman çorman hâle gelir.

Her bir istek, kişiyi farklı bir hedefe yönlendirir ve kişi bu hedefler arasında bölündüğünden barışı bulamaz. İsteklerle kamçılanan zihin, kişinin yararını düşünmez sadece isteklerin koyduğu hedefe yoğunlaşır.

İstekler kişiye hükmettiği için onu rahat bırakmıyor ve hedeften sapmasına izin vermiyor. Ayrıca kişi hedefe ulaşınca hayal kırıklığına uğruyor çünkü hedef kendisine değil, isteğe aittir. Neticede kişi hedefe ulaşınca da acı çekiyor çünkü hedefin nereye vardıracağını bilmiyor.

Barış Akışı

Gerçek şu ki gerçekten kim olduğunu bilmeyen insan, gerçek hedefin barış olduğunu da bilmez ve acı verici hedeflerin peşine düşer. Hayat boyu geçici hedefler peşinde koşturan insan ölüm anında pişmanlık acıları çeker ve barışa ulaşamaz.

Aslında insan barışa teslim olmayınca sayısız isteğe teslim olur ve onlar tarafından paramparça edilir. Barışa teslim olmak şefkat içinde olmak demektir. İnsanın tek efendisi barış olunca kafa karışıklığı, sinir bozukluğu, nevroz, kaos ve delilik ortaya çıkmaz.

Lakin genelde insanlar barışı umursamaz ve çeşitli isteklerin kölesi olur. İşte o zaman çeşitli çatışmalar meydana gelir. Bu çatışmalar yüzünden kişi asla barışa ulaşamaz. Zira cimrilik: "Para kazan ve biriktir çünkü para güvenlik sağlar, yaşlandığında paraya ihtiyacın olacak!" der.

Cinsellik ise: "Hayat geçmeden keyfini çıkar. Kafayı yaşlılığa takma, şu an güçlüyken cinsellikten zevk al!" der. Öfke, "Bu kişinin işini bitir!", korku ise "Bunu yapma çünkü hapse girer ve acı çekersin!" der.

İşte kişinin kafası karışıyor çünkü birçok efendi ama tek bir köle var ve köle gerçek efendinin kim olduğunu bilmediği için kaosa sürükleniyor. Yeryüzünde tek bir gerçek efendi var, o da barış. Ayrıca barış son derece merhametli bir efendidir.

İnsan, barışı tek efendi olarak seçtiğinde ve ona teslim olduğunda bencil isteklerin sesleri ortadan kalkar ve kişi barışla dolup taşar. Barışa teslimiyet doğaldır çünkü hiçbir suni çaba gerektirmez, sadece barış akışının içinde olmak gerekir.

Barış Işığı

Barışa teslim olan insan egonun etkisinden kurtulur ve bütün çatışmaların ötesine geçer. O; barışla bütünleşir, barışın ta kendisi olur ve barışın zirvesine erişir. Barış kapıları açılır ve barış ışığı bireyin içine girer ve onu barışla taştırır.

Teslimiyet, tüm kapıları açmak ve barış ışığını içeri davet etmek demektir. İnsanlar bundan korkar. Neden acaba? Çünkü insanlar karanlıkta o kadar uzun süre yaşadılar ki karanlığa alıştılar, karanlıkla bütünleştiler ve barış ışığından korkar oldular.

Mutlak barış bilinmeyendir ve zihin her zaman bilinmeyenden korkar. Barış; bilinmeyenin bir mesajcısıdır, mutlak güneşin bir ışınıdır. Güneş ne kadar uzakta olursa olsun ışını kapıya gelir ve pencereden içeri girer.

İşte teslimiyet, kapıyı barışa açmaktır. Birey barışı yemeli, içmeli, tamamen sindirmeli ve içinde hareket etmesine izin vermelidir. O zaman barış, insanın ayrılmaz parçası olur ve birey ile barış arasında bir ayrım olmaz.

Bu durumda insan barış ermişi olur. Birey barış olur, barış da birey. Yani birey barışa dönüşür. Teslimiyet; ayrımları yok etmek, barış ile buluşmaya hazır olmak ve barış ile buluşmaktır.

Barış ile birleşme sonucu birey yeniden doğar ve barışa hamile kalır. Birey ebedî öz varlığının rahminde barışı taşımaya başlar. İşte barışın bireyin içinde doğması, bireyin barış içinde olması ve barışı rahminde taşıması büyük bir barışsal bütünleşmeye neden olur.

Barış Mesajı

Birey tam bir teslimiyet hâlinde olduğunda barış bireyin kapısı olur. O zaman huzur ve barış dünyasının kapısı açılır. Gerçek huzur ve barış, birey için mümkün olur. Barış kapı olur ve birey bu kapıdan geçtiğinde barış ile aydınlanmış olur.

Artık birey başkalarını barış ile aydınlatabilir. Birey başka insanların mutlak barışı görmelerine ve barışın içinde erimelerine yardımcı olabilir. Bir insanın, barışı öğretmeden önce onu tüm boyutlarıyla öğrenmesi gerekir.

İnsanlığa barış konusunda yardım etmek için birey barış içinde olan bilgeden yardım almalıdır. Barış yolunda en büyük engel savaş dolu insanın kendisidir. Korku içinde olan insan barışın büyümesine engel olur.

Bilinene tutunan zihin barışla bütünleşemez çünkü mutlak barış bilinmeyendir. Kişi bilinenin dünyasında geçmişte kaldığında gelecekteki bilinemeyen barışa erişemez. İşte birey yalnızca bilineni bıraktığında bilinemeyen barışa ulaşabilir. Aslında teslimiyet katalizördür çünkü dönüştürücü güç, barışın kendisidir.

İnsanın yaşadığı hayat, varoluşun çok küçük bir parçasıdır. Dünyevi mutluluk, gerçek barışın tek bir ışınını bile içinde barındıramaz. Şayet insan ebedî özünde saklı olan gerçek barış hazinesine ulaşırsa topladığı bütün nesnelerin bir süprüntüden ibaret olduğunu görür.

İnsanların bütün hayatı dilenmekten ibarettir. Oysaki ebedî özlerindeki paha biçilmez barış hazinesi onların uyanmasını ve aydınlanmasını bekliyor. İşte özündeki hazineye ulaşan birey, savaş dilencisinden barış kralına dönüşebilir. Lakin dilencinin kral olması için cesaret gerekir.

Barış Yolu

Ey insan evladı, bil ve agah ol ki sen barış diyarından geldin ve tekâmül sayesinde yine oraya dönebilirsin. Şayet size, "Nereden geliyorsun?" diye sorarlarsa onlara, "Mutlak barıştan geldim. Barış ışığının kendinden doğduğu yerden tezahür ettim!" deyin.

Herkes ebedî özünde mutlak özgürlük, tek başınalık, sükûnet ve barış taşır. O yüzden herkesin içindeki en derin dürtü tamamen özgür olup barış içinde olmaktır. Bu nedenle herkes için özgürlük nihai hedeftir.

Özgürlük için hayatlarını feda edenler var. Lakin nihai özgürlük bu maddi evrenden özgürleşip barışın krallığına geri dönmektir. Orada ebedî varlık olan sen; bağımsızlık, sınırsızlık ve sonsuzluk olarak var olabilirsin. Orada bireyi engelleyecek hiçbir şey yok.

Gerçek şu ki özgürlük ve tek başınalık aynı madalyonun iki yüzüdür. İşte insan tek başına olduğunda savaşacak kimse olmaz ve otomatikman barış ortaya çıkar. Bu nedenle barış arayışındaki birey kendi tek başınalığını bulmalıdır. Ama nasıl? Tekâmül ederek!

Aslında insan evladı toplumun bir parçası olarak doğar ve sosyal bir varlık olarak yetiştirilir. Hiç kimse bir çocuğa tek başınalığı anlatmaz ve öğretmez. Tam tersi çocuklara verilen tüm eğitimler bireyi toplumla yani başkalarıyla uyumlu hâle getirmeyi amaçlar.

Psikolojide buna "adaptasyon" denir. O yüzden bir insan yalnız kalmayı tercih edince ona topluma adapte olamamış, uyumsuz derler. Bu, olumsuz bir faktör olarak görülür ve uyumsuzlar dışlanır, acı çeker.

Barış Hazinesi

Oysaki yalnız kalmayı tercih eden insan, aslında kendi tek başınalığını ve barışını bulmaya çalışır fakat hiç kimse bunu anlamaz çünkü tekâmülün ne olduğunu bilmez. Esasında "uyumsuz" olarak damgalanmış birey, varoluşla uyum ve barış içinde olmaya çalışır. Fakat hiç kimse tekâmül etmeden varoluşla uyum ve barış içinde olamaz.

Gerçek şu ki toplum birçok insandan oluşan bir ağ şeklinde mevcudiyetini sürdürür. Toplumdaki birey birçok şeyi feda ederek bir parça özgürlüğe sahip olabilir. Toplumda hayatta kalmak için birey başkalarına boyun eğmek zorundadır ve bunun karşılığında kişiye küçük bir özgürlük dünyası verilir.

Şayet birey toplumun kölesi olursa toplum ona bir parça özgürlük verir. Lakin bu, verilmiş bir özgürlük olur. Peki, "verilmiş özgürlük" ne demek? Verilmiş özgürlük, her an geri alınabilecek özgürlük demektir!

Yani toplum bireye gönüllü kölelik karşılığında, her an geri alınabilecek sözde özgürlük verir. Bu özgürlük gerçek olmadığı için gerçek barışın temeli de olamaz. O yüzden toplumdaki insanlar sürekli özgürlük için savaşır ama hiçbir yere varamaz.

Toplum tarafından "verilmiş özgürlük" karşılığında birey, büyük bir bedel öder. Peki, nedir bu bedel? Başkalarına adapte olmaktır! İşte başkalarına adapte olmanın kaçınılmaz şartı sınırların olmasıdır. O yüzden toplumsal özgürlük sınırlıdır.

Yani toplum içinde özgürce davranan insan başkalarının özgürlüğünü de sürekli düşünmelidir. Aksi takdirde toplum onun sınırlı özgürlüğünü daha da sınırlar. İşte toplum içinde özgürlük arayan insan sık sık çatışmalar yaşar ve barışı bulamaz.

Barış Temeli

Toplumsal ve bireysel özgürlük sürekli çatışma hâlindedir ve barışa ulaşamaz. Peki, çözüm nedir? Çözüm, toplumdaki herkesin tekâmül etmesidir çünkü tekâmül sayesinde bireyler hem özgür hem de barış içinde olur.

Gerçek şu ki toplumsal hayatta bireysel yaşam tamamen özgür olamaz. İnsanlar ilişkiler kurunca sorunlar ve kavgalar ortaya çıkar. Aslında bir insan başka bir insanın cehennemidir. Zira insanlar bir araya gelince birbirlerini germeye ve strese sokmaya başlar.

Ayrıca yakın ilişkiler kuran insanlar birbirleri için endişelenir, üzülür, kavga eder, huzur ve barış bulamaz. Herkes mutlak özgürlük arayışındadır ve mutlak özgürlük arayışında olan iki insan bir araya gelince çatışma kaçınılmazdır çünkü birbirlerinin özgürlüğünü kısıtlamaya başlarlar.

Zira mutlak özgürlük yalnızca tek başınalıkta mümkündür. Lakin toplumsal hayata alışmış insan tek başınalığın ne olduğunu bilemez. O, yalnızlığın ne olduğunu bilir çünkü yalnız kalınca acı çeker ve başka insanlara ihtiyaç duyar.

Yani insanlar büyük bir çıkmaz içindedir çünkü bir taraftan mutlak özgürlüğe, diğer taraftan ise başkalarına mutlaka ihtiyaç duyarlar. Bu çıkmaz, insanları delirtir ve delirmiş insanlar sürekli savaşır.

Aslında onlar özgürlük için savaştığını düşünür ama esasında delirdikleri için savaşır. Zira yalnızca deli insan barış yerine savaşı tercih eder ve barışmak yerine savaşır. Yani savaşan herkes bir nevi delidir veya psikolojisi bozuk insandır.

Barış Olmak

Psikolojisi sağlıklı insan asla savaşmaz. Yani gerektiğinde kendini saldırganlardan savunur ama bilinçli olarak savaş aramaz. Şu da bir gerçektir ki insanlık tarihi delilerin savaşlarıyla dolup taşmaktadır.

Deli krallar sürekli savaşmış çünkü mutlak güç onları yozlaştırmış ve delirtmiş. Kişi kral olunca tamamen özgür olacağına inanmış ama kral olduğunda hiç de özgür olmadığını görmüş. Bu da kralı delirtmiş.

Yani kral olmak ve tamamen özgür olamamak kralın psikolojisini bozmuş. Çünkü hükümdar olmak için hükmedilecek insanlara ihtiyaç var ve işin içinde başka insanlar olunca mutlak özgürlük mümkün değil.

Zira mutlak özgürlük yalnızca tek başınalıkta mümkündür ama tek başına olan insan kral olamaz. Bir kralın hizmetçilere, danışmanlara, askerlere ve vergi ödeyen halka ihtiyacı var. Ayrıca kral fazla delirince halk ayaklanıp onu tahttan indirebilir ve zindana atabilir.

Böylece kralın sahip olduğu kısıtlı özgürlüğü bile elinden kayıp gider. O yüzden kral her ne kadar delirse de ayağını denk almalıdır ve halkın isteklerini göz önünde bulundurmalıdır. İşte başkalarının isteklerini göz önünde bulundurmak; özgür olmamak ve barış içinde olmamak demektir.

Bir kral bile tamamen özgür olamaz. O, özgürlüğü sahiplenir ama özgürlüğü sahtedir çünkü özgürlüğün korunması gerekir. İşte korunması gereken özgürlük ve barış gerçek değildir. Kral özgür olmak için başkalarına bel bağlamalıdır.

Barış Hazzı

İşte bu nedenle kralın tüm özgürlükleri yüzeyseldir. Ayrıca kral sürekli özgürlüğünü kaybetme endişesi yaşar. Bu endişe kralın gerçekten de özgür olmadığının bir göstergesidir. Bütün bunlara rağmen mutlak özgürlük dürtüsü yüzünden kişi bir kral olmak ister çünkü kral tamamen özgür olduğuna dair sahte bir izlenim verir.

Tıpkı bunun gibi insanlar zengin olmak ister çünkü zenginlik kişiye özgür olduğuna dair yanıltıcı bir his verir. Zira bencil istekleri yerine getirme fırsatları özgür olmakla karıştırılır. Zengin insan bencil isteklerinin bir kısmını engelsizce yerine getirebilir ama bu, gerçek özgürlük değildir.

Mesela ölüm geldiğinde zengin insan hayatına devam etme özgürlüğüne sahip değil ve acılar içinde ölmeye mahkûmdur. İşte özgürlük bunun neresinde? Hiçbir yerinde! Buna rağmen aptal insanlar hayat boyu zenginlik için savaşmakta ve barışa ulaşamamaktadır.

Ayrıca fakir, istediği birçok şeyi elde edemese de servetini kaybetme korkusundan özgürdür. İşte bir zengin bu basit özgürlüğe sahip değil ve her gün korkularının esiridir. Zenginlik için bunca savaşmasına rağmen kişi korkularından özgürleşemez ve barışın keyfini çıkaramaz.

İşte barış haz, savaş ise acı vericidir. O yüzden zenginlik veya iktidar için savaşan insan sürekli acı çekmeye mahkûmdur çünkü barışın neden olduğu hazza asla ulaşamaz. İllüzyon içinde olan kişi savaştan haz almaya çalışır ama sonuç olarak acılara gömülür.

Herkesin iç dünyasının derinliklerinde tamamen özgür olma isteği vardır ve istekle kamçılanan insan güçlü ve zengin olmak ister. İşte temeldeki özgürlük isteği birçok isteğe neden olur ve istekler bitmez.

Barış Keyfi

İstekler okyanusunda boğulan insan hangi yönde yüzeceğini ayırt edemez çünkü korkudan ne yapacağını kestiremez. O yüzden yanlış yönde hareket eden insan asla barış hedefine ulaşamaz çünkü en baştan yanlış yönde hareket etmektedir. Neticede kişi yorulup boğulmaya mahkûmdur.

İşte ilk adım hatalı olduğunda insan asla barışa ulaşamaz. Sadece savaşarak bocalar ve acılar içinde kıvranır. Yolu bilmeyen yolsuz olur ve yolsuz olan barışsız kalır. Peki, çözüm nedir? Çözüm, ilk adımı barış yönünde atmaktır.

Zira ilk adım barış yönünde atılırsa birey barış hedefine doğru ilerlemeye başlar ve nihayetinde mutlak barışa erişir. Fakat barış işaretini kaçırmış ve yoldan çıkmış insan suçluluk duygusundan acı çekmek zorundadır.

İşte tekâmül, barış hedefini kaçırmayacak şekilde barış yolunda ilerlemek demektir. Hedef mutlak özgürlük ve barıştır, tekâmül ise barışa giden yoldur. Dünyevi toplum içinde mutlak özgürlük ve barış olanaksız olduğu için tekâmül "anti-sosyallik" gibi görülür.

Lakin tekâmül sayesinde dünyasal toplum, tekâmülsel topluma dönüşürse mutlak barış gerçekleşir ve tekâmül sağlıklı sosyolojinin temellerini oluşturur. Modern psikoloji, insanları dünyevi toplumla uyumlu bir hâle getirmek için uğraşır ve bunun için insanları dünyevileştirir.

Aslında dünyevileşmek gerçek barıştan uzaklaşmak demektir zira dünyevi toplumla uyumlu hâle gelmek sürekli savaşmak demektir çünkü dünyevi toplumda herkes ekmek parası için savaşır ve insan insanın kurdudur.

Barış Vaadi

Küresel toplumun politik, ekonomik ve ideolojik çıkar grupları anti-sosyal güçlerdir çünkü onların doğası anti-sosyaldir. Zira onlar sadece küçük bir insan grubunun çıkarlarına hizmet etmektedirler ama topluma hizmet ediyorlarmış gibi reklam yapmaktadırlar.

Toplumsal barış onların umurunda bile değil çünkü onlar daha fazla kazanç için her an savaş çıkarmaya hazırlar. O yüzden onların doğası anti-sosyaldir çünkü onlar para için sosyal yapıyı darmadağın etmektedirler.

Siyasetçiler herkesi köle hâline getirmek için herkese birazcık özgürlük sunmaktadır ama sundukları bu özgürlük, insanı daha da köleleştirmektedir çünkü rüşvet niteliği taşımaktadır. O yüzden sunulan bu küçücük özgürlük her an geri alınabilir.

Zira özgür olduklarını düşünen insanlar gerçekleri anlatmaya başlayınca derhâl baskı altına alınır, işten kovulur ve hapse atılır. Aslında mutlak özgürlük barışçıl bir başkaldırıdır ama başkaldırı çıkar çatışmasına neden olduğunda özgürlük kaybedilir.

İşte insanları başkaldırıdan uzak tutmak ve uyuşturmak için inanç öğretileri üretilmiştir. Bu öğretiler insanlara barış vadetmekte ama sonuç olarak savaşlara sürüklemektedir. Masum insanlar barış vaatlerine kanarak inanç öğretilerini kabul etmekte ama neticede kendilerini savaşın ortasında bulmaktadır.

Bir öğretide direkt olarak dünyaya barış değil, savaş getirildiği söylenmektedir ve bu öğretiyi takip edenler savaşlar başlatıp milyonlarca insanın ölümüne neden olmuştur. Buradaki amaç başkaldırı enerjisini hükmedenlere değil, başka zulmedilenlere yönlendirmektir.

Barış Emziği

Yani hükmedenler hükmetmeye devam etti, zulmedilenler ise birbirlerini öldürdü. Bu savaşlar sırasında hükmedenler daha da zenginleşti, zulmedilenler ise daha da fakirleşti. Ayrıca bütün bunlar insan yapımı "tanrı" adına yapılan savaşlardı.

İnanç öğretileri sosyal bir kandırmacadır, anti-sosyaldir ve topluma karşıdır çünkü "tanrı" adına savaşlara ve milyonlarca insanın ölümüne neden olmaktadır. Onlara göre "tanrı" öfkeli ve cezalandırıcıdır, ona inanmayanları ebediyen cehenneminde yakandır.

İşte bu tür "tanrı" öfkeli, cezalandıran ve savaş içinde olan anti-sosyal kişilerin ürünüdür. Onların tek amacı insanları uyuşturmak ve köleleştirmektir. Sonra da uyuşmuş köleleri savaşlarda kırdırmaktır.

Bu öğretiler anti-sosyal olan alternatif topluluklar yaratmakta ve bitmeyen savaşlara neden olmaktadır. Örneğin "aşram" denilen alternatif topluluk, anti-sosyal bir güç olarak var olmakta ve insanın doğal dürtülerini baskıladığı için içsel savaş çıkarmaktadır.

Bu savaşı yatıştırmak için insanlar saatlerce aynı kelimeleri tekrarlayarak tespih çeker. Aynı kelimelerin sürekli tekrarlanması otohipnoza neden olur. Otohipnoz, insanı sakinleştirir ama gerçek barışa ulaştıramaz.

Sürekli aynı kelimelerin tekrarlanması bir emzik gibidir. Küçük çocuk meme ister ama ona "yalancı meme" yani emzik verilir. Emzik, çocuğu beslemez ama yatıştırır ve çocuk uykuya dalar.

Barış Zenginliği

Küçük çocuk huzursuzlandığında ona emzik verilir ve çocuk emziği emerek sakinleşir. Tıpkı bunun gibi inanç öğretileri içsel savaşla boğuşan insanlar için bir emziktir. Onlar insanlara teselli verir, yatıştırır, uyuşturur ve sürekli devam eden acı verici kölelikle baş etmeye yardımcı olur.

Psikologlar insanlara sakinleştirici ve uyuşturucu ilaçlar verir, rahipler ise uyuşturucu kelimeler. Fakat inanç, insanı sadece uyuşturmaz; onu körleştirir de. O yüzden kişi ne olup bittiğini, hayatını nasıl heba ettiğini ve onu mahveden savaşı göremez.

İnsan doğal dürtülerini baskılayarak patlamaya hazır olan bir savaş yanardağının üzerinde oturur ve barışa asla ulaşamaz. Rahipler insanlara: "Tanrı gökyüzünde, kral ise yeryüzünde. Her şey yolunda!" diyerek onları uyutur.

Bütün bu safsatalara inanan insanlar barıştan mahrum kalıp sefalet içinde yaşar çünkü barışın verdiği zenginliğe sahip olmaz. Zira insan hayatındaki en büyük zenginlik barıştır ve barışın getirdiği bereket sonsuzdur.

Psikoloji, sosyoloji, pedagoji, biyoloji vs. dünyevi topluma hizmet eder. Peki, nedir bu hizmet? Dünyevi toplum tarafından köleleştirilmiş insanları uyum içinde tutmaktır. Zira bitmeyen içsel savaş her an dışsal savaşa dönüşebilir.

Gerçek şu ki dünyevi toplum kimseye özgürlük ve barış veremez. Dahası bu konuda yüksek sesle konuşanları hapse attırır. Ayrıca dünyevi toplum hiç kimseyi özgürleştiremez çünkü temel fonksiyonu köleleştirmektir.

Barış Bereketi

O zaman çözüm nedir? Çözüm, dünyevi toplumun ötesine geçmektir. Ama nasıl? Tekâmül ederek! Barış içinde olmak ya da olmamak. İşte bütün mesele bu! Zira yalnızca tekâmül eden insan dünyevi toplumun ötesine geçebilir çünkü mutlak barışa ermiş olur.

Oysaki dünyevi bir insan için toplumun ötesine geçmek olanaksızdır. Zira insan nereye giderse gitsin bir toplumla karşılaşacaktır çünkü dünyevi insan toplum olmadan hayatta kalamaz.

Bazen insanlar toplumdan özgürleşip barışı bulmak için dağlara gider ve orada yaşar. Lakin toplumsal yaşam alışkanlığı o kadar güçlüdür ki birey orada da bir toplum oluşturmaya başlar. Ağaçlarla konuşur, hayvanlarla arkadaşlık eder, kuşlar gibi öterek yanıt vermelerini sağlar vs.

Zira tekâmül etmeyen bir insan için yalnız kalmak son derece zor bir şeydir çünkü yalnızlık insanın içini kemirip canını çıkartır. Bir bebek doğar doğmaz, annenin rahminden toplumun rahmine düşer ve toplum tarafından büyütülür.

Dünyevi insan, hayatını topluma borçlu olduğu için toplumu özler ve hatta toplum için hayatını feda etmeye hazır olur. O yüzden toplumdan bıkmış insan, toplumu terk etse bile bir süre sonra toplumu aramaya başlar.

İnsan bir toplum tohumudur. O yüzden insanı nereye ekersen ek, toplum çıkacaktır. Ormanda yalnız kalan insan, hayvanları ailesi gibi görmeye başlar ve "diğeri" olgusu tekrar ortaya çıkar. Birey bunun farkında bile olmayabilir.

Barış Eseri

Mesela, kişi her gün genç bir geyiğin göl kıyısına gelip su içmesini neşeyle izler. Bir süre sonra kişi geyiğe bağımlı hâle gelir ve onun gelişini bekler. Ezkaza geyik su içmeye gelmezse birey onun için endişelenmeye başlar.

Zihinde binbir soru ortaya çıkar. Acaba geyiğe ne oldu? İyi mi? Neden gelmedi? Hastalandı mı? Kurtlara mı yem oldu? Öldü mü? Avlandı mı? Kişi geyiği evladının yerine koyar ve strese girer.

Sonra kişi, geyiği aramaya başlar ve hiçbir yerde bulamayınca daha da gerilir. Huzurunu kaybeder ve barışı unutur çünkü kurtlardan öç almak ister. Başka birisi kavramı ortaya çıkar. Kişi kafasında oluşturduğu toplumu dostlara ve düşmanlara böler.

O zaman artık barıştan eser alamet kalmaz. Zira dünyevi toplum barışsız yaşam demektir. Dünyanın dört tarafında toplum var ama barış yok. Zira dünyevi toplum, savaşın başlangıcı ve barışın sonudur.

Ey insan evladı, bil ve agah ol ki toplum senin dışında var olan bir şey değil, içinde mevcut olan bir şeydir. Herkes bunu anlamalı ve bunun farkında olmalıdır. Aksi takdirde kimse huzuru bulamaz ve barışa erişemez.

Ayrıca insanın içinde yer alan dünyevi toplum kökleri yok edilmeden, birey nereye giderse gitsin dünyevi toplum yine ortaya çıkar ve sürekli olarak kendini kopyalar. Zira kökler kurumadan dallar yeşermeye devam eder.

Barış Piposu

Şayet insan, tekâmül baltasını eline alıp dünyevi toplum ağacını devirmezse dünyevi toplum, barışı baltalar. Lakin tekâmül sayesinde savaş baltaları gömülebilir ve barış piposu tüttürülebilir.

Gerçek şu ki toplumdan kaçan insanı toplum takip etmez çünkü toplum kişinin içinde filizlenir. Herkesin içinde bir toplum tohumu var çünkü herkes toplumun meyvesidir. Bu tohum kavrulmadığı sürece birey toplumun ötesine asla geçemez ve gittiği her yerde bir toplumun filizlenmesine neden olur.

Aslında yeryüzündeki bütün toplumlar aynıdır. İsimler ve biçimler değişebilir ama temel kalıp değişmez çünkü insan her yerde insandır ve toplumun kölesidir. Tıpkı sahipsiz köle olmadığı gibi toplumsuz da insan olamaz.

Esasında dünyevi insan, toplum olmadan yaşayamaz. Neden acaba? Çünkü ta çocukluktan beri toplum köklerini bireyin iç dünyasına salmış ve oraya köklenmiştir. Bu kökler aracılığıyla toplum bireyden beslenir ama bu arada birey de köklerini topluma salar ve hayatta kalmak için onlardan beslenir.

İnsanın toplum olmadan yaşayamamasının başlıca nedeni toplumdan beslenmesidir. Zira bir insan çevresinde insanlar olmadan yürüyemez, konuşamaz, iletişim kuramaz, okuyamaz, eğitim alamaz vs. Yani insan, insan gibi insan olamaz!

Bazıları bunu sorun olarak görür. Ama asıl sorun insanın topluma bir asalak gibi yapışması ve gerçeğin arayışında olmamasıdır. İşte o zaman sorunlar başlar çünkü insan olgunlaşamaz ve tam tersine yozlaşmaya, çürümeye başlar.

Barış Ortamı

Diğer taraftan toplumsal kölelikten kurtulmaya çalışan insan, bir ormana yerleşse bile bir süre sonra toplumu özlemeye başlar ve orman patikasında oturup birilerinin geçmesini bekler. Ormanda gezintiye çıkanları görünce onlarla konuşmaya başlar çünkü sosyalleşmeyi özlemiştir.

Onlara son haberleri, toplumda olup bitenleri sormaya başlar, siyasetçilerle ilgili dedikodu yapar vs. Neticede kişi kendini daha iyi hisseder çünkü yalnızken mutsuzdu, sosyalleştiğinde ise mutlu hissetmeye başlamıştır.

Bütün bunların nedeni nedir? Birincisi, insanın sosyal bir varlık olması. İkincisi, sosyalleşmeye alışması. Üçüncüsü, toplumdan beslenmesi. Dördüncüsü, kişinin barış ortamında bulunmasına rağmen içsel savaşının dinmemesidir.

İşte gerçeği anlamak için iç dünyadaki savaş köklerinin gün ışığına çıkarılması ve incelenmesi gerekir. Hayatta kalmak için savaş ta bebeklikte başlar ve en iyi savaşçılar hayatta kalır çünkü zayıflar ölür, güçlüler ise yaşar.

Toplumdan ayrılıp tek başına ormanda yaşayan insanın diğer bir sorunu ise ihtiyaç duyulmaya ihtiyacının olmasıdır. Bir bebek ebeveynlerine ihtiyaç duyar ve bu, son derece tatmin edici bir histir. Anne baba bundan beslenir ve mutlu olur.

Bebek büyüyüp küçük çocuk olduğunda ise kedi, köpek, tavşan vs. yavrusu beslemek ister çünkü ihtiyaç duyulmaya ihtiyaç duyar. Aslında yeryüzündeki herkes ihtiyaç duyulmaya derin bir ihtiyaç duyar.

Barış İhtiyacı

İşte ihtiyaç duyulması için insan barışçıl olmalıdır çünkü hiç kimse savaşçıl insana ihtiyaç duymaz. Nitekim en azından ihtiyaç duyulmak için insanlar barışçıl olmaya çalışır ve bu, barışın gelişmesinde pozitif bir dinamiktir.

Bir insana ihtiyaç duyulursa kişi kendini değerli ve önemli hisseder. Oysaki hiç kimse o insana ihtiyaç duymazsa kişi kendinin yararsız, değersiz ve anlamsız olduğuna dair hislere kapılır, mutlu olamaz.

O yüzden insan evladı için ihtiyaç duyulmak son derece önemlidir. Zira ihtiyaç duyulan insan kendiyle barışır, ihtiyaç duyulmayan ise savaşır. Bununla birlikte ihtiyaç hissi geçici bir olgudur.

Örneğin, bebek annesine sürekli ihtiyaç duyar ama büyüdükçe bu ihtiyaç azalmaya başlar. Çocuk ergen olduğunda ise ebeveyninden kurtulmak ister; bazen evden kaçar, bazen ise ebeveynini öldürür.

Ayrıca bir insanın ailesine bakması bir yük olarak görülebilir ve bazen insan bu yükün altında ezildiği için ailesini terk eder. Ama bir süre sonra pişman olur ve ailesine geri dönmek ister. Neden acaba?

Çünkü aile fertlerinin onu her gün beklemesi, ona sarılması, "Seni seviyorum!" demesi ve bir şeyler istemesi hayatına anlam katıyordu, önemli hissettiriyordu. O yüzden aniden ailesini kaybeden insanlar boşluğa düşer çünkü hayatlarının anlamını kaybederler.

Barış Psikanalizi

Zira aile fertleri kişiye sürekli ihtiyaç duyuyordu, ona önem atfediyordu ve kişi kendini önemli hissediyordu. Oysaki aile fertleri kaybedilince, kimse kişiye ihtiyaç duymayınca kişi sanki küçülür, önemsizleşir, ilgisiz kalır ve aniden ölse bile kimse bunu fark etmez.

İşte ihtiyaç duyulmama olgusu insanı depresyona sokar çünkü hayat anlamını kaybeder. Kişi yaşamak istemez ve kendini öldürmek ister. Yani ihtiyaç duyulmayan insan barıştan uzaklaşır ve savaşın son noktasına gelir. Nedir o son nokta? Ölüm!

Bazı insanlar yıllarca psikanalize gider, her seansta içini döker ama barışa bir türlü ulaşamaz. Peki, neden insanlar gitmeye devam eder? Çünkü onları dinleyen birine ihtiyaçları var. Yani ilgi görme ihtiyaçlarını bu şekilde karşılıyorlar.

Dünyadaki herkes kişiye yokmuş gibi davranıyor ve bunu telafi etmek için kişi psikiyatra dünyanın parasını ödüyor. Zira ne eşi ne çocukları ne de arkadaşları onu dinliyor. Sadece bir şeye ihtiyaç olduğunda ona geliyorlar.

O da psikiyatra ihtiyaç duyuyor çünkü dünyada tek bir insan onu dinliyor. Hem de sıradan bir insan değil; unvanları olan, toplumda tanınan, kitaplar yazan, ünlüleri tedavi eden vs. saygın bir insan.

Kişi barışa ulaşamasa bile psikanalize devam ediyor çünkü dinleniyor, ilgi görüyor, kendini önemli hissediyor ve saygı görme ihtiyacını karşılıyor. İşte bir insanın önemli olduğunu hissetmek için duyulmaya ve dinlenilmeye ihtiyacı var, yoksa içsel savaş bitmez.

Barış Yakalayışı

İşte herkesin, birinin ona dikkatini vermesine ihtiyacı var. Kişi bunun karşılığında para ödese bile kendini iyi hissediyor. Sadece başka bir insan ona dikkatini verdiği için kişi mutlu oluyor. Bu mutluluk fazla sürmese bile dinlenmeye değer birisi olmak kişiyi tatmin ediyor.

Yeryüzündeki herkesin ihtiyaç duyulmaya derin bir ihtiyacı var ve bu ihtiyaç karşılanmadığında kişinin huzuru kaçar, barışı yakalayamaz. Hiç kimse kişiye ihtiyaç duymazsa kişi ayaklarının altındaki zemini kaybeder ve boşluğa düşer.

Bu gerçekten, şunu anlamak gerekir ki insanın en derin ihtiyacı başka insanların yani toplumun var olmasıdır. Bazen insanlar kaza sonucu ıssız bir adaya düşünce yalnız kalmaktan o kadar sıkılırlar ki bir sal yapıp denize açılırlar.

Onlar topluma kavuşmak adına ölümü göze alırlar. Zira açık denize ilkel bir salla açılmak ölüme meydan okumak demektir. Demek ki bir insan için yalnız kalmak, toplumdan mahrum olmak ölümden beterdir.

Bir insan yalnız kalmaktansa birileriyle kavga etmeyi veya savaşmayı tercih eder çünkü onunla kavga eden kişi dikkatini ona verir ve kavga sırasında onu dinler. Ayrıca kavga etmek için kavga edilene bir değer vermek gerekir.

Mesela kimse bir karıncayla kavga etmez çünkü ona hiçbir değer vermez. Yerde yürüyen karıncayı görmez bile, bazen de üstüne basar. Ama kavga edilen kişiye bakılır ve onun değişmesi için uğraşılır.

Barış Buluşu

Aslında her kavga eden karşısındakini değiştirmeye çalışır. Ama bu arada kendini değiştirmeyi düşünmez bile. Yani insan kendini değiştirip barışı bulmak yerine başkalarını değiştirmek için savaşmayı tercih eder.

Neden acaba? Çünkü değişmek zahmetli bir iştir ve emek gerektirir. Başkalarını değiştirmek ise kolay gelir ama aslında asla başarılamaz çünkü kimse değişmek istemez. Tıpkı başkalarını değiştirmek isteyen kişi gibi değiştirilmek istenilen de değişmek istemez.

Bir insan değişip dostlar edinmek yerine değişmeyip düşmanlarla savaşmayı tercih eder. Neden acaba? Çünkü en azından düşmanca davrananların ilgisini çekmiştir. Yani bir insan için hiç ilgi çekmemektense düşmanların ilgisini çekmek daha önemlidir.

Gerçek şu ki bir insanın toplumdaki önemi ne kadar artarsa düşman sayısı da o kadar artar çünkü düşman edinmek dost edinmekten daha kolaydır. Çoğu zaman en yakın dostlar en katı düşmana dönüşür ve eski dostlarını yok etmeye çalışır.

Dostluk barış, düşmanlık ise savaş demektir. Fakat insanlar ilgisiz kalmamak için dost yerine düşmanı, barış yerine savaşı tercih eder. Neden acaba? Çünkü bir insan için değersiz ve önemsiz olmak ölümden beterdir!

Aslında âşık olma ihtiyacı da ilgi görme ve ihtiyaç duyulma ihtiyacından doğar. Sevgililer birbirlerine: "Seni seviyorum!" derler ama esasında sevilmek isterler ve karşılarındaki kişiden: "Ben de seni seviyorum!" cevabını duymak için bunu yaparlar.

Barış Getirisi

Dünyevi insan için asıl mesele sevmek değil, sevilmek ve ihtiyaç duyulmaktır. O yüzden insanlar sadece sevilmek ve ihtiyaç duyulmak için başkalarını sevmeye çalışır. İşte bu çok önemli bir olgudur – "sevmeye çalışmak" çünkü kimsenin içinde gerçek sevgi yok, savaş var.

Gerçek sevginin ortaya çıkması için insan barış içinde olmalıdır. Aslında içsel barışı arayarak insan başkalarını sevmeye çalışır çünkü içgüdüsel olarak sevginin barış getireceğini hisseder ve sevginin peşine düşer. Zira barışa nasıl ulaşacağını bilmez.

İnsanlar için sevgiyi bulmak barışı bulmaktan daha kolay. Neden acaba? Çünkü herkes cinsel dürtüden muzdarip! İşte insan cinsel ihtiyacı karşılamak için karşısındakini sevmeye çalışır çünkü sevgisiz cinsellik, tatmin edici ve doyurucu değil.

Neden acaba? Çünkü sevgisiz cinsellik hayvanidir. Mesela kurbağalar sevmez sadece çiftleşir ve gün içinde ne kadar çok çiftleşirlerse o kadar çok yeni kurbağa üretirler. Zira cinselliğin temelinde üreme dürtüsü vardır.

Lakin çiftleşebilmek için bile birey barış içinde olmalıdır. Aksi takdirde çiftleşmeden sonra kişiler kavga etmeye başlar ve bazen birbirlerini öldürür. Örneğin, peygamber böceği çiftleştikten sonra acıkır ve partnerini yer.

O yüzden partneri, boşalır boşalmaz kaçmaya başlar. Ama peygamber böceği öğününden olmamak için ona sıkıca sarılır. İşte partnere sımsıkı sarılmanın arka planında temel içgüdü var.

Barış Yokluğu

Nedir o temel içgüdü? Hayatta kalma içgüdüsü. Hayatta kalmak için canlı varlık üremeli ve beslenmelidir. İşte peygamber böceği bu iki hedefe bir atışta ulaşır – önce çiftleşir, sonra da partnerini yer.

İşte sevginin nefrete dönüşmesi bir an meselesidir. Peki, neden sevgi nefrete dönüşüyor? Çünkü birey barış içinde değil, sürekli savaş hâlindedir! Zira sevgi barış, nefret ise savaş belirtisidir.

İçsel barışa ulaşamayan insanlar bir sevgili bulsa bile sürekli onunla kavga ederler çünkü sevgileri nefrete dönüşür ve kişiler barışa ulaşamayınca nefret savaşları mezara kadar devam eder. Zira sevgi barışına erişemeyen insan, nefret savaşlarıyla meşgul olur.

Barış içinde olmayan sevgililer sürekli birbirlerinden şikâyet eder. Peki, nedir bu şikâyet? Yeterince sevilmeme şikâyeti. Sevgililer yeterince sevilmeme konusunda birbirlerini sürekli kınar ve kavga eder çünkü barış yok.

Zaten barış olmayınca hiçbir şey yeterli olmaz. Neden acaba? Çünkü barışın yokluğunda sevilme ihtiyacı asla karşılanmaz. Barış olmayınca ilişki bağımlılığa, bağımlılık ise acılara neden olur.

İnsan mutlu olmak ve sevilmek için sevmeye çalışır ama sonuç olarak mutsuzluğun dibine vurur. Barışın yokluğunda doyumsuzluk meydana gelir. Sevgililer ne yaparlarsa yapsınlar her zaman daha fazlasını beklerler, umut ederler, hayal ederler ve hâlen daha fazlasının mümkün olduğuna inanırlar.

Barış Engeli

Bu gerçek dışı inanç, barışı engeller çünkü inanç barış düşmanıdır. Sevgililer karşısındaki kişinin yetersiz olduğuna inanınca hayal kırıklığına uğrar ve acı çekmeye başlarlar. Genelde sevgililer kendilerinin daha çok sevdiklerine ama karşılarındaki kişinin onu yeterince sevmediğine inanırlar.

Bu inanç, onları barıştan mahrum eder ve mutsuzluğun dipsiz kuyusuna fırlatıp atar. Peki, bu tür olaylardaki sorun nedir? Barış ve sevgi eksikliği. Bu durumda çözüm nedir? Çözüm, tekâmül ederek ihtiyaç duyulma ihtiyacından özgürleşmektir.

Gerçek şu ki yalnızca ihtiyaç duyulma ihtiyacından özgürleşmiş insan gerçekten sevebilir çünkü karşısındakini sevilmek için kullanmaz. İşte yalnızca o zaman barış mümkün olur çünkü sözde sevgi nefrete dönüşerek savaşa neden olmaz.

Şayet insan barış içinde değilse gerçekten sevemez ve zorlama sevgi yapay olur. Aslında kişi sevilmeyi sağlamak için sevmeye çalışıyor. O yüzden kişi seviyor gibi gözüküyor çünkü rol yapıyor.

Bu arada karşısındaki kişi de aynı şeyi yapıyor çünkü o da barışın ne olduğunu bilmiyor. Sonuç olarak kişiler rol yapmaktan yorulur ve kavga etmeye başlar. Sözde sevgililerin sorunlar yaşamasının nedeni birbirlerini kandırmaya çalışmalarıdır.

Bazen kişi sevdiğine inandırarak kendini bile kandırıyor. Neden acaba? Çünkü sevilmek istiyor. O yüzden sevgililer hep sevgilisinin aldattığını düşünüyor çünkü içgüdüsel olarak bu sevginin sahte olduğunu hissediyor.

Barış Kristalleşmesi

Bu arada kişi rol yapsa da kendisinin aldattığını düşünmez çünkü sevdiğine inanır. Daha doğrusu kendini karşısındaki kişiyi sevdiğine inandırır. Aksi takdirde gerçekçi görünmez ve rol yaptığı ortaya çıkar.

Gerçek şu ki gerçek barış olmazsa sevgi sahte olur. Bu durumda kişi karşısındaki insanı asla tüm kalbiyle sevemez. Kişinin sevilmeye ihtiyacı olduğu için hep sevdiğini zanneder ve sevgi varmış gibi davranır.

Neticede kişi yeterince sevilmediğinde sorunu hep karşı tarafta arar ve eninde sonunda bulur çünkü bulacağından emindir. Kişi hiç kendine bakmaz ve kendini sorgulamaz çünkü onun için en önemli olan sevmek değil, sevilmektir.

Aslında hiç kimse kendisine bakmaz, hep başkalarına bakar. İlişkide bir sorun varsa çiftler birbirlerini suçlar çünkü hep dışarıda bir suçlu ararlar zira kişinin kendisi asla suçlu olamaz. Oysaki gerçek aşk, barış kristalleşince ve birey barışa merkezlenince gerçekleşir.

Ego sevgi ve ilgi ile beslendiği için kişiyi ilişki kurmaya ve seviyormuş gibi yapmaya yönlendirir. Bir insanın seviyormuş gibi yapıp ilişki kurmasının nedeni ihtiyaç duyulan biri olmak ve dikkat çekmektir.

İnsanlar çocukları sevdiği için değil, ihtiyaç duyulmak için çocuk yapar. Ayrıca çocuk doğmadan kimse çocuk sevip sevmediğini bilemez. İşte çocuk doğduktan sonra kişi çocuk sevmediğini keşfeder ama iş işten geçmiştir.

Barış İşçisi

O yüzden bazen kişiler çocuk doğmadan kürtaj yaptırır veya partnerini terk eder çünkü çocukla ne yapacağını bilmez. Diğerleri ise egolarını tatmin etmek için ebeveyn olur ve aldığı sorumluluklarla, üstlendiği görevlerle övünür.

Toplum bireylerin evlenmelerini ve çocuk yapmalarını destekler çünkü toplumun genç kölelere ihtiyacı var. Onlar köle gibi çalışır, oy verir ve savaşlarda ölür. Küresel toplum çocukları barış için değil, savaş için büyütür.

Bir insan tekâmül ederek ihtiyaç duyulma ihtiyacından kurtulmadığı sürece mutlak özgürlüğe, tek başınalığa ve barışa erişemez. Birey ıssız bir yere gitse bile toplumu özler ve barışı bulamaz.

Lakin insan tekâmül sayesinde ihtiyaç duyulma ihtiyacından özgürleşirse en büyük kalabalıklarda bile tek başınalığın tadını çıkarır ve barış içinde olur. Zira birey ihtiyaç duyulma ihtiyacından kurtulursa yalnızca barışa ihtiyaç duyar.

Barışa ermiş insan, seçilmiş insandır çünkü varoluş onu barış için seçmiştir. Ne mutlu barış için seçilmiş olanlara çünkü onlar ebedî yuvayı bulacaklar. Onlar bu evrene ebedî yuvadan geldikleri için yine oraya dönecekler.

"Barış için seçilmiş olanlar" ifadesinin derinliklerine inmek gerekir. Onların seçilmelerinin nedeni nedir? Seçilme nedenleri dünyaya barış getirmektir. Onlar gerçek barış işçileridir ve barış araçlarıdır. Onlar barışçılardır ve onlar olmazsa dünya asla barışa ulaşamaz.

Barış Aracı

Gerçek barışçı; ihtiyaç duyulma ihtiyacından kurtulur, kendisi ile barışık olur, kendinden olduğu şekilde memnundur, kimsenin ona "Seni seviyorum!" demesine ihtiyacı olmaz ve hayatın anlamını bilir.

Peki, hayatın anlamı nedir? Hayatın anlamı barış içinde olmaktır! Zira barış içinde olmayan insan bir ölüdür. O çoktan ölmüştür ama bunun farkında bile değildir. Çünkü hayat barıştır ve barış içinde olmayan insan hayatta kalamaz.

Barış içinde olan insanın hayatı anlamlı olur. O, kendi olmaktan memnundur ve kimseye ihtiyacı yoktur. Tam tersine bütün insanlığın ona ihtiyacı var çünkü herkes barış ister. Bu tür insanın kimsenin kendisine: "Hayatın anlam dolu!" demesine ihtiyacı yok çünkü zaten barış dolu hayatının anlamlı olduğunu bilir.

Bir insan barış içinde olduğunda kendi anlamının kendi içinde yani ebedî özünde olduğundan haberdardır. O; anlam aramaz, anlam için yalvarmaz, anlamı başka kişilerden beklemez çünkü anlamın ebedî olan öz varlığından geldiğini bilir.

Barış ermişi bir dilenci değildir çünkü barış kralıdır. Bu nedenle birey kendisi ile barış içinde yaşayabilir çünkü kendinden yani ebedî özünden tarif edilmez haz alabilir. Birey eriştiği içsel barış sayesinde kendi kendine yeterlidir.

Oysaki dünyevi insan kendi başına, bağımsız olarak yaşayamaz çünkü barış içinde değil. Dünyevi insan yalnız kalınca rahatsız olur, kendini kötü hisseder, bir şeyler eksik olur ve acı çeker.

Barış Kralı

O yüzden kişi yalnız kalınca televizyon ya da müzik açar, arkadaşını arar, sinemaya gider, alışverişe çıkar vs. Yalnızlıktan sıkılan zenginler alışverişe çıkar, fakirler ise vitrinlere bakar ama mutlaka bir yerlere gider ve oyalanır.

Sıradan insan için yalnız olmak son derece zordur hatta dayanılmazdır. Neden acaba? Çünkü barış içinde olmayan insan, yalnız kalınca anlamını yitirir ve her şey anlamsız gelir. Zira barış, hayatı anlamlı yapar ve insanı anlamla doldurur.

O yüzden yalnızlık çeken kişinin iki seçeneği var: Ya tekâmül ederek barış içinde olmak ve ebedî özündeki anlamını bulmak ya da başka insanlarla bir araya gelerek anlamını aramak. Mesela, kişi arkadaşıyla buluşur ve arkadaşı ona iyi davranarak anlamlı olduğuna dair izlenim verir ama bazen de kişi arkadaşıyla bile kavga eder ve barıştan yoksun kalır.

O yüzden en iyisi alışverişe çıkmak ve mağaza çalışanlarının verdiği anlamla oyalanmaktır. Mağaza çalışanı için müşteri anlamlıdır çünkü o para kazandırır. Bir satıcı için alıcı para kazandıran nesnedir. Satıcı alıcıyla ilgilenir ve ona anlam verir.

Yalnızlık acılarından kaçmak için alışverişe çıkan kişinin ne alacağı önemli değil, asıl önemli olan mağaza çalışanlarının gösterdiği ilgidir. Gösterilen ilgi, kişiyi anlamlı yapar ve anlamla doldurur; kişi memnun olur.

Ayrıca harcanan para kişiyi önemli hissettirir. İnsanlar genellikle aynı mağazaya gider çünkü çalışanlar onları tanır ve para harcayacağını bilir. O yüzden kişi içeri girer girmez onunla ilgilenir, içecek ikram eder, yeni ürünleri gösterir ve kişiye kral muamelesi yapar.

Barış Dopingi

Satıcı alıcıya sanki en iyi dostuymuş gibi davranır ama aslında kişinin kendisiyle ilgilenmez, harcayacağı parayla ilgilenir. Kişi bunun farkında olsa bile memnun olur çünkü ilgi ve anlam peşindedir.

Mağaza çalışanı eski müşteriyi görünce derhâl gülümser, onu selamlar, onu bekliyormuş gibi yapar, iltifat eder, rahatlatır, önemli olduğunu hissettirir, ilgilenir vs. Kişi bütün bunların yapay olduğunu bilmesine rağmen bunu umursamaz çünkü önemli olduğunu hisseder.

Yalnızlık çeken ve barıştan yoksun insan sokağa çıkınca ona anlam verecek gözler arar yani insanların ona bakıp bakmadığını gözlemler. Mesela karşı cins ne zaman kişiye iki kere baksa ona bir anlam yükler.

Psikologlar bunu daha yeni keşfetti. Şayet karşı cins kişiye iki kere bakarsa kişiyle ilgilendiği ve onun ilgisini çekmek istediği anlamına gelmektedir. Fakat kişi karşısındakiyle ilgilenmediyse bir kere daha bakmaz.

Şayet karşı cins kişiye iki kere baktıysa ilgilenmiş demektir. Karşı cinsin ikinci bakışı ipucu vermektedir. Kişi tanışmaya, konuşmaya, birlikte hareket etmeye, aşk oyunu oynamaya, yakınlık göstermeye vs. hazırdır.

Gerçek şu ki bir insana karşı cins iki kere baktığında kişi kendini önemli ve anlamlı hisseder. Kişi canlanır, heyecanlanır, harekete geçer ve önemli olduğunu hisseder. Fakat barış içinde olan insanın bu suni dopinge ihtiyacı olmaz çünkü bunlar geçici, yanıltıcı ve hayal kırıklığına uğratıcı yapay şeylerdir.

Barış Heyecanı

Aslında bir insana tanımadığı karşı cins iki kere bakarsa kişi canlanır ama kendi eşi sürekli bakarsa bunalır. Bu nedenle bir partnerden diğerine geçme ihtiyacı ortaya çıkar. Neden acaba? Barış içinde olmayan insan yeni anlam ve yeni heyecan arar.

Kişi eşiyle savaşmaktan bıkmıştır ve yeni birisiyle barış içinde olmak ister. Ama kişinin iç dünyasında barış muzaffer olmayınca birey barış yerine savaş bulur ve yeni tanıştığı kişiyle savaşmaya başlar.

Peki, neden bir insan kaçamak yapar? Bunun nedeni sevgi ve seks değil çünkü partneriyle zaten bunlara sahiptir. Kaçamağın nedeni ego tatminidir çünkü kişi karşı cinsten yeni birini fethettiğinde kendini son derece anlamlı hisseder zira bir fatih olmuştur.

Esasında bir insanın kendini fatih gibi hissetmesi için savaş alanına ihtiyacı var. Yeni ilişki, yeni savaş alanıdır ve kişi karşısındakine sahip olunca kazanmış olur. O karşısındaki kişinin ilgisini, saygısını, sevgisini vs. kazanmış olur ama barışı kazanamaz.

O yüzden yeni çiftler kısa bir süre sonra kavga etmeye başlar ve çevredeki karşı cinsten olanlara bakarlar. Neden acaba? Çünkü barışı özlerler ama bunun farkında olmadıkları için barış yerine yeni bir savaş alanına transfer olurlar.

Ayrıca birey eşine takılıp kalınca, kimse ona bakmayınca ve kimse ona anlam vermeyince kendini yenilmiş, bitmiş, tükenmiş hisseder. Bu tükenmişlik ölümden de beter olur. O yüzden evli çiftler cansız, heyecansız, tükenmiş vs. olur çünkü sadece birbirlerine katlanırlar.

Barış Alanı

Barış içinde olmayan insan hayatta bir şeylere takılıp kalır ve çürümeye başlar. Bu tür insan sevgiye, fethetmeye, ihtiyaç duyulmaya ihtiyaç duyar. Ayrıca bu konuda doyuma ulaşamaz, hep yeni birilerinin ona ihtiyaç duymasını ister.

O yüzden kişi bir ilişkiden başka bir ilişkiye atlar veya birçok insanla ilişki kurmaya çalışır ve hepsinin ona ihtiyaç duymasını ister. Bu konuda başarılı olan insan kendini bir süre mutlu hisseder çünkü sıradan olmaktan çıkar fakat bu mutluluk uzun sürmez.

O yüzden kişi başkalarının peşine düşer. Kişi ihtiyaç duyulmak için karşısındaki insana, kendisine ihtiyacı olduğunu göstermeye çalışır veya tersten gider ve karşısındakine ihtiyacı olduğunu dile getirir.

Tabii ki karşısındaki insan da ihtiyaç duyulmak ister ve ona bunu hissettiren kişiye yapışarak bağımlılık geliştirir çünkü ihtiyaç duyulma ihtiyacı en derin ihtiyaçtır; insanın hayatını anlamlı kılar.

Genelde politikacıların da hırsı bundan ibarettir. Onlar ülkeye hizmet etmekten ziyade ülkenin onlara ihtiyaç duymasını ister. O yüzden politikacılar sürekli vaatlerde bulunur ama çoğu zaman sözlerini tutmaz.

O yüzden bir süre sonra kimse onlara ihtiyaç duymaz çünkü onların yalan söylediklerini bilir. Örneğin Adolf Hitler tüm dünyanın kendisine ihtiyaç duymasını sağlamak istedi ama bunu barış sayesinde değil, savaş aracılığıyla yapmaya çalıştı.

Barış Olgusu

Neticede Hitler büyük bir hüsrana uğradı ve intihar etti. Zira savaş çıkaranlar mutlaka çıkardıkları savaştan ölür çünkü onlar savaş aracılığıyla başkalarına hükmetmeye çalışır. Günümüzün Hitlerleri de hükmetmek için savaş çıkarır ve eninde sonunda çıkardıkları savaşın kurbanı olurlar.

Gerçek şu ki hiç kimse çıkardığı savaşı kazanamaz, mutlaka kaybeder. Zira barış yapıcı, savaş ise yıkıcı bir olgudur. Yıkıma neden olan savaşları çıkaranlar eninde sonunda savaş tarafından yutulur ve yıkılır.

Hükmetme hırsına kapılmış insan tek başına kalamaz çünkü hükmetmek için başkalarına ihtiyacı vardır. Hükmetmeye çalışan bir politikacı, barışçıl olamaz çünkü hükmetmek için savaşa ihtiyacı vardır.

Bu nedenle iktidar hırsıyla yanıp tutuşan insanın barışın krallığına girmesi imkânsızdır. Zira kişi iktidar aracılığıyla önem kazanmaya çalışır. Kişi önemli olmak adına olmadığı şey olmak için savaşır ve olmadığı şey olmak için savaşan insana barış krallığının kapıları daima kapalıdır.

Sadece kendi ebedî özündeki barışa erişmiş olan insan, barış krallığına girebilir. Zira onun zihni bencil isteklerden, hırslardan ve nevrozlardan özgürdür. O; egosal ihtiyaçların yararsız ve son derece zararlı, yıkıcı, savaş getirici olduğunu görür.

Gerçek şu ki egosal ihtiyaçlar, insanı delirtebilir ama asla tatminkâr ve barışkâr yapamaz. Barışkâr insan mutlaka tatminkârdır ama tatminkâr olmayan insan barışkâr olamaz. Zira barış bir insanı tamamıyla tatmin edebilen bir olgudur.

Barış Tatmini

Bir insan tekâmül sayesinde ihtiyaç duyulma ihtiyacından özgürleşince hiç kimseden bir şey beklemez, tek başınalığın keyfini çıkarır ve mutlak barışa erişir. Bu tür insana sevgi sunulduğunda minnet duyar, sunulmadığında ise şükreder çünkü ilişkiler barışı bozma özelliğine sahiptir.

O, ziyaret edilse de edilmese de mutludur. Barış içinde olan insan tek başınalığın keyfini çıkarır ama kendini kalabalığın içinde bulunca da keyfi ve barışı bozulmaz. Bu tür insanı kimse mutsuz edemez çünkü barış içinde yaşamayı ve tek başına mutlu olmayı bilir.

Barış yolcusu kendi kendine yeterlidir ve kimseye ihtiyaç duymaz. Bir insan tekâmül edip barış içinde olunca yakınları rahatsız olur. Neden acaba? Çünkü birey artık tartışmaz, kavga etmez ve yakınlarının saldırılarını umursamaz.

Yakınları buna sevinmek yerine bunu ilgisizlik olarak görür ve kişiyi kınar. Peki, neden? Çünkü barış içinde olan insan kendine yeten yani kendisi ile yetinen biri olur. Oysaki bireyin yakınları kişinin onlara ihtiyaç duymasını ister.

Bu arada kişi ihtiyaç duyarak fazladan taleplerde bulunursa yakınları ondan usanıp onu azarlar. İşte dünyevi insanı hiçbir şey tatmin etmez. İhtiyaç duyulmazsa bir dert, duyulursa başka bir dert.

O yüzden bireyin yakınları onun barış içinde olup kendine yeterli olması yerine onlarla kavga etmesini tercih eder. Neden acaba? Çünkü kendine yeterlilik insanları korkutur. Zira kendine yeterlilik sıradan insanların ulaşamadığı, ender bir özelliktir.

Barış Mutluluğu

İşte sıradan insanlar her türlü sıra dışılıktan korkar ve ona karşı çıkar. O yüzden her ne kadar paradoksal olsa da tek başınalıktan zevk alan, kendisi ile mutlu olan, kendisi ile yetinen, barış içinde olan insan sıradan olanları tedirgin eder ve onlar onun barışını bozmak ister. Bunun için onu taşlar, çarmıha gerer ve diri diri yakarlar.

Ayrıca barış içinde olan insan hem kendine yeterli hem de bağımsız biridir. İşte bu yakınlarını tedirgin eder çünkü onlar, kişinin onlara bağımlı olmasını ister. Mutlak bağımsızlık sıradan insanları korkutur.

Bağımsız insanın yanındaki yakınları kendilerini yararsız ve işe yaramaz hisseder. Zira onlar bireyin onlara ihtiyaç duymasını, onlarsız hayatının anlamsız olmasını, bir hiç olmasını ve yalnızca onların yanında başarılı olmasını ister.

Zira bireyin onlarsız başarılı olduğunu görürlerse egoları incinir. Onlar bireyin onlara muhtaç olduğunu, bağımlı olduğunu ve onlar sayesinde başarılı olduğunu görmek ister. İşte yalnızca o zaman onlar gurur duyar çünkü katkıda bulunduklarını iddia edebilirler.

Bu arada kavga çıkınca bireyi suçlarlar; onun nankör olduğunu, onlar sayesinde adam olduğunu, onlar olmasaydı bir hiç olacağını iddia ederler ve bütün yaptıklarını başına kakarlar. İşte dünyevi insanın tavrı budur – asla tatmin ve barış içinde olamazlar.

Küçük çocuklar kendi kendilerine mutlu olabilirler çünkü onlar ebedî özlerine çok yakındır ve çevre tarafından gerçek kendilerinden uzaklaştırılmamışlardır. Tıpkı bunun gibi barış içinde olan insan, sanki tüm dünya onunmuş gibi mutluluk içinde yaşayabilir.

Barış Dönüşümü

Küçük çocuk kendinden sıkılmaz, kendi başına eğlenebilir, iyi vakit geçirebilir ve mutlu olabilir. Çocuk kendi bedeniyle oynar ve ondan zevk alır. Onun psikolojik ihtiyaçları yoktur sadece basit fiziksel ihtiyaçları vardır.

Bebek çevredekilerin onun hakkında ne düşündüklerini, ne söylediklerini, eleştirilerini, onu güzel bulup bulmadıklarını vs. umursamaz. Küçük çocuk çevredekilerin fikirleriyle ve yorumlarıyla ilgilenmediği için doğal bir güzelliğe sahiptir çünkü endişelenmez.

Genelde bebekler çirkin doğmaz. Fakat çevrenin baskısı yüzünden bebekler büyüdükçe gitgide çirkinleşir. Çirkin bir bebek bulmak son derece zordur. Tıpkı bunun gibi güzel bir ihtiyara rastlamak enderdir.

Bebekler güzeldir, ihtiyarlar ise çirkin. Peki, bunun nedeni nedir? Bebekler barış içinde doğar, ihtiyarlar ise savaş içinde ölür. İnsan evladı beşikten mezara kadar barıştan savaşa doğru ilerler ve ölümle savaşarak ölür.

İşte beşik ile mezar arasında insan evladı bir dönüşüme uğrar – güzel bebekten çirkin bir yaratığa dönüşür. Peki, bu dönüşümün nedeni nedir? Dönüşümün nedeni, küresel toplumun barış içinde doğan çocukları savaş dayatmalarıyla bozup bir savaş yaratığına dönüştürüyor olmasıdır.

Peki, çözüm nedir? Çözüm, tekâmülsel simya sanatıdır. Tekâmülsel simya sayesinde insan tekrar savaş yaratığından barış varlığına dönüşebilir. Bu barış dönüşümü sayesinde tüm dünya değişir ve Üçüncü Dünya Savaşı'ndan kurtulur.

Barış Varlığı

Gerçek şu ki Üçüncü Dünya Savaşı son savaş olacak çünkü nükleer silahlar kullanılacak ve insanlığın zar zor inşa ettiği uygarlık yıkıma uğrayacak. Her yere yayılmış radyasyon yüzünden insan mutasyona uğrayacak ve yer altında yaşamak zorunda kaldığı için iğrenç bir yaratığa dönüşecek.

İşte insanlık tekâmül etmeyip şimdiki küresel dinamikleri devam ettirirse kaçınılmaz sonuç bu olacaktır. Aklı başında olan herkes bunu anlayabilir, yalnızca açgözlü siyasetçiler bunu anlamak istemiyor ve işlerine gelmediği için reddediyor.

Bütün çocuklar kendi kendine yeterli olma yetisine ve kendini aydınlatma ışığına sahiptir. Lakin savaş içinde olan cahil toplum bu ışığı söndürür ve insan evladını bağımlı yapar. Zaten küresel toplumun tüm stratejisi insanları bağımlı ve uyuşturulmuş yapmaktır.

Bir insan tekâmül ederek barış ermişi olmazsa işe yaramaz bir ihtiyara dönüşür. Hiç kimse ona ihtiyaç duymaz çünkü topluma hiçbir yararı yoktur. Nitekim kişi yaşlandıkça ihtiyaç duyulmama hissi artar çünkü gerçekten de kimse ona ihtiyaç duymaz.

Kişinin çocukları büyür ve kendi ailelerini kurar, eşi ve arkadaşları ölür. Artık insanların ona ihtiyacı kalmaz. O yüzden kimse onu tanımaz, saygı duymaz, evine gelmez, aramaz, özlemez, ilgilenmez, umursamaz vs.

Kişi bir zamanlar ünlü olsa bile artık kimse onu hatırlamaz ve hatırını sormaz. Sonuç olarak kişi ihtiyaç duyulmadığı için kendini işe yaramaz, yetersiz, gereksiz vs. hisseder ve sadece ölümü bekler.

Barış Rüyası

İhtiyar, barış içinde olmadığı ve savaş yaşadığı için yaklaşan ölümle bile savaşmaya başlar. O, ölüme teslim olmak istemez ve ölümü fethetmek ister. O zaman ölüm çirkinleşir, kişiyi darmadağın eder ve kişi büyük acılar içinde ölümün kapısından geçer.

Kişi ölümle savaştığı için ölümden sonra yaşayacağını anlamaz. Sonuç olarak kişi bedenini terk ettikten sonra bir nevi uykuya dalar ve rüyalar görür. Bu rüyalar onun tekrar beden almasını engeller ve kişi evrenin sonuna kadar rüya görmeye devam eder.

Gerçek şu ki insan bu yaşamında tekâmül ederek ölümsüz ebedî varlık olduğunu anlamazsa mutlak barışa ulaşamaz ve acılar içinde bedenini terk eder. Kişi ölüm döşeğinde korkudan altına yapar çünkü öleceğine inanır.

Ölüm döşeğindeki çaresiz insan ölümünden sonra insanların onun için ağlayacağını ve mezarını ziyaret edeceğini düşünerek mutlu olmaya çalışır. Öleceğine inanan kişi hep öldükten sonra insanların ne yapacağını hayal eder ve oyalanır.

Oysaki kişinin ölümünden sonra kimlerin ağlayacağı ve mezarını ziyaret edeceği fark etmez çünkü kişi zaten ölmüştür. Fakat birey ölümsüz olduğu için kendi cenaze törenine gider ve gömülüşünü bir film gibi izler.

Bunu yalnızca farkındalığı gelişmiş olanlar başarır, farkındalığı düşük olanlar ise sonsuz bir karanlığa düşer ve oradan asla kurtulamaz. Bütün bu ızdırapları önlemek için birey bu hayatta tekâmül ederek farkındalığını yükseltmeli ve mutlak barışa erişmelidir.

Barışa Varmak

Genelde insanlar biri öldüğünde rahatlar çünkü hem onların hem de ölenin omuzlarından bir yük kalkmış olur. Hayat boyu savaş içinde olan kişi en azından ölerek iyi bir şey yapmış olur çünkü çevredekilerle savaşı biter.

Aslında insan evladı sadece yaşamda değil, ölümde bile başkalarına ihtiyaç duyar. Yani ölümde bile ihtiyaç duyulma ihtiyacı devam eder. Dünyevi insan ölümde dahi rahat edemez ve barışa erişemez.

Bu tür hayat, yaşamaya değer mi? Tabii ki değmez. Ama hayatın yaşamaya değer olması için insanın hayatına kalıcı bir barış getirmesi gerekir. Yalnızca o zaman insanın hayatı anlam kazanır ve bireyin fikirleri önemli olur.

Aksi takdirde kişi hep başkalarının fikirlerine önem verir çünkü kendi fikirleri onu sürekli hüsrana uğratır. Zira sıradan insan evrensel bilgi sahibi değil, dünyasal fikir sahibidir ve bu fikirler onu asla barışa vardıramaz.

Bir insan barış içinde olduğunda kendisi ile tamamen mutlu olur çünkü kendisiyle barışıktır. Bu tür insan yeryüzünde yalnız kalsa bile morali bozulmaz çünkü tek başınalıktan haz almaktadır.

Günümüzde açgözlü politikacılar yüzünden her an Üçüncü Dünya Savaşı patlak verebilir. Savaş sonrası yeryüzünde çok az insan kalacak ve onlar yalnızlık çekecek. Genelde dünyevi insan, yalnızlık acılarına dayanamayıp intihar eder.

Barış Seçimi

Oysaki barış ermişi, insanlık olmasa bile tek başınalığın tadını çıkarır. O, tek başına olmasına rağmen şarkı söylemekten, dans etmekten, nefes almaktan, yürümekten, gökyüzüne bakmaktan ve yaşamaktan haz alır.

En büyük felaketler bile barış içinde olan insanın ruh hâlini, moralini, içsel iklimini, mutluluğunu, neşesini, coşkusunu vs. olumsuz yönde etkileyemez çünkü birey dış dünyanın kölesi değil, iç dünyanın özgürüdür.

Bir insan barışı seçtiğinde varoluş da onu barış için seçer ve birey seçilmiş olur. Barış için seçilmiş insanların kalabalığa ihtiyacı olmaz çünkü onlar sürü psikolojisinden özgürdür. Oysaki kalabalığa ihtiyaç duyanlar sürü psikolojisine sahiptir ve bulundukları durum isteklerinin sonucudur.

Her kim şu an ne durumdaysa bu onun geçmişteki istek ve eylemlerinin yerine getirilmesinin sonucu ortaya çıkan durumdur. O yüzden kimse başına gelenlerden dolayı kimseyi suçlamamalıdır çünkü eğer suçlanacak biri varsa o, kişinin ta kendisidir.

Hiç kimse olup bitenlerin sorumluluğunu başkalarının üstüne atmamalıdır çünkü kişinin başına gelenler kendi istek ve eylemlerinin sonucudur. Genelde insanlar bütün arzularının gerçekleşmesini ister ve arzular gerçekleşmeyince üzülür. Oysaki insanın bütün arzuları gerçekleşseydi o zaman gerçekten üzüntüleri bitmezdi.

Genellikle insanlar düşünmeden ister ve istemeden düşünür. Bu, onları tehlikeli durumlara sokar. Bütün insanların acılarının nedeni düşünmeden istemektir ve istediklerini düşünmeden gerçekleştirmektir. Sonuç bitmeyen savaşlar ve acılardır.

Barış Arzusu

Fakirler zengin olmak ister, zenginler ise fakir kadar mutlu olmak ister. İnsan zenginleşince mutlu olacağına inanıyor ama zenginleşince mutsuzluğun dibine vuruyor. Neden acaba? Çünkü zenginlik barış değil, savaş getirir.

Tüm insanlar mümkün olan farkındalıkla barışı arzularsa bütün savaşlar biter ve barış enerjisi her tarafa yayılır. O zaman bambaşka bir dünyada yaşarız. Bütün doğa felaketleri durur çünkü doğa felaketlerinin nedeni insanların durmadan savaşmasıdır.

Barış yolcusu, varoluşun seçilmiş insanıdır. Neden acaba? Çünkü barış insanı savaşa neden olacak hiçbir şey arzulamaz. Buna arzu saflığı diyoruz. Savaşa neden olan arzular ise arzu kirliliğidir.

Ayrıca barış insanının dünyevi istekleri olmaz çünkü dünyevi hiçbir şeye ihtiyacı yoktur. O; barış için öğrenmesi gereken her şeyi öğrenmiş, barış sınavını geçmiş, barış okulunu bitirmiş ve savaşı aşmıştır.

Barış seçilmişi tek başına duran bir zirve gibidir. O, barışın Everesti'dir. Seçilmiş olanın sıra dışı güzelliği tek başına var olan zirve gibi olmasıdır. İşte barışı seçen seçilmiş olur. Neden acaba? Çünkü o, barışı tercih etmiştir.

Gerçek şu ki barışı seçen varoluşu seçmiş olur çünkü barış ve varoluş iki ayrı şey değildir. Bir insan barışı seçtiğinde varoluşu seçmiş olur, varoluşu seçtiğinde Mutlak olanı seçmiş olur ve Mutlak olanı seçtiğinde Mutlak da onu seçer ve insan, seçilmiş birey olur.

Barış Seçilmişi

Barış insanı tek başınadır ama yalnız değildir çünkü varoluş onun arkasındadır. O; hiçbir şeyi inkâr etmez, tam tersine her şeyi kabul eder ve kucaklar. O, tek başınalığı içinde tamamen mutludur çünkü dönen bir enerji içindedir.

Barış isteyenler onun yanında yürür, savaş isteyenler ise ondan ayrılır. O, bunlara asla aldırmaz çünkü asla geriye bakmaz ve kimseyi beklemez. Barış yolcusu tek başınadır ama buna rağmen bütünseldir.

Barış içinde var olmak tamlık ve bütünlük içinde yaşamak demektir. Bu, insanı döngü hâline getirir çünkü başlangıç ve sonlangıç birleşir. Sıradan insan düz çizgi gibidir, sıra dışı barış insanı ise çember gibidir çünkü kaynağıyla birleşir.

Başlangıç ve sonlangıç birleştiğinde enerji ve farkındalık yükselir. Birey ile Mutlak bütünlük hâline gelir. Tıpkı bir yılanın kendi kuyruğunu yutması gibi başlangıç ve sonlangıç birleştiğinde birey yeniden doğar, bebek gibi masum olur, barış insanı olur.

Barış insanı enerjisel döngüde ilerleyerek tekrar mutlak kaynağa ulaşır ve geldiği boyuta geri döner. Onun tek başınalığı topluma bağımlı olanları rahatsız eder. Neden acaba? Çünkü onlar barış enerjisini hissettiklerinde kendi savaş enerjilerinden rahatsız olur ve savaşın gerekliliğinden kuşkulanmaya başlar.

Aslında barış ermişinin haklı olması savaş taraftarlarının haksız ve yanlış olduklarını gösterir; oysaki onlar bütün yatırımlarını savaşa yapmışlar. O, kimseye ihtiyaç duymaz ve huzurludur; onlar ise nevrozludur ve topluma ihtiyaç duyarlar.

Barış Döngüsü

Barıştan yoksun kişide bir şeyler ters gittiği için deli gibi olur çünkü savaş delilik demektir. Onlar toplumda barış ile ilgili kuşkulara neden olur. Güya barış olursa nüfus patlaması yaşanır ve toplumsal sorunlar ortaya çıkar.

Oysaki savaştan daha büyük toplumsal sorun olamaz ve bu sorunun tek çözümü barıştır. Aslında bu kurnaz kişiler saf insanların kafalarını karıştırarak savaşın topluma yararlı olduğunu ispatlamaya çalışır.

Ayrıca barışa kahkaha ve sevgi eşlik eder. Zira yalnızca barış içinde olan insan özgürce kahkaha atar ve kahkaha atan insan barışın gücünü hisseder. İşte barış gücünü hissetmenin en kestirme yolu özgürce kahkaha atmaktır.

Oysaki savaş alanında kimse kahkaha atmaz çünkü herkes öfke kusar. Savaş içinde olan insan ya öfkeden kudurur ya da üzüntüden acı çeker. Zira üzüntü öfkenin pasif ifadesidir. Hiddet ise öfkenin aktif dışa vurumudur.

Şu an savaş, tüm dünyaya yangın gibi yayılmış durumdadır. Savaş yangınını söndürmek için barış yağmuruna ihtiyaç var. O yüzden tüm dünyaya barış yağmuru yağdırıp savaş yangınını söndürmek için bütün barışseverler yağmur bulutu gibi olmalılar.

Bunun için üzgün olup öfke kusmak değil; neşeli olup şarkı söylemek, dans etmek ve kahkaha atmak gerekir. Zira gerçek barış, üstün coşkunluk demektir. Şayet bütün insanlar el ele tutuşup dans etseler yeryüzünde savaşa yer kalmaz.

Barış Kavşağı

Barış bir yol kavşağı, bir kesişme noktası, bir seçim anı ve bir karar verme meselesidir. Savaşmak ya da savaşmamak. İşte bütün mesele bu! Savaş düz bir çizgi üzerinde ilerler çünkü savaş geçmişten gelip geleceğe gider.

Barış ise dikey çizgide ilerler. Dikey çizgi şimdiden sonsuzluğa bir sıçrayıştır. Mutlak barış her zaman mevcuttur. Onun için ne geçmiş ne de gelecek vardır. Gerçek barış yükselen bir çizgide hareket eder.

Zaman ve zamansızlık mutlak barışta buluşur. Barış ermişi şimdide bilinçli olarak ölür, tekrar doğar ve yeniden barış içinde hayata gelir. O zaman barış ermişi için ölüm yoktur çünkü zaman ortadan kaybolur ve birey sonsuz olur.

Zaman ve zamansızlığın buluşma noktasında maddi beden aşılır ve birey sonsuzluğun bir parçası olur. Şimdiki anda ve var olan mekânda zaman ile zamansızlık kesişir. Birey o an dikey olarak hareket ederse savaş için ölür ve barış için doğar.

Bu; tamamen yeni, ikinci bir doğumdur. İkinci doğum sonrası ölüm yoktur, sadece sonsuz hayat vardır. Bu, barışsal coşkunluk anıdır. Birey o an sonsuzluğa daldığında savaş dünyasında ölür ve barış dünyasında yeniden doğar.

İnsanlar barış ermişine: "Nereden geldin?" diye sorduğunda o: "Barış ışığından geldim!" der. Ebedî varlıklar mutlak barışın çocuklarıdır. Onlar varoluşun mutlak kaynağından gelirler. Tüm varoluşun kaynağı olan mutlak kaynaktan başka kaynak yoktur.

Barış Çocukları

Ayrıca mutlak kaynağın başka bir kaynağı yok çünkü mutlak kaynak kendinden kaynaklanmaktadır. Mutlak kaynak kendisinin kaynağı olabilecek bir güce sahiptir. O yüzden de kendine yeterlidir.

İşte tıpkı bunun gibi mutlak barışa erişen birey kendine yeterli olur çünkü o, mutlak kaynaktan tezahür etmiştir. Ayrıca mutlak barışın işareti bireyin aydınlanmış ve savaştan arınmış olmasıdır.

Barış ermişi çelişkilerin bir sentezidir. Zira ağzıyla konuşup ses çıkarırken zihni sessizlik içindedir. O, herkesi sever ama aynı zamanda sevilme ihtiyacından özgürdür. Tek başınadır ama aynı zamanda en büyük kalabalıkların içindedir.

Kalabalığın içinde olmasına rağmen kalabalık onun içine nüfuz edemez. Savaş dolu dünyada yaşar ama savaş onun içinde yaşayamaz. Dünyada hareket eder ama savaş kaynayan bu dünya onun içinde hareket edemez.

Barış ermişi barış için sürekli hareket eder ama bu hareketin içinde bir çatışma yoktur. O, barış için yürür ama herhangi bir yere ulaşma amacı olmadığı için yürümüyormuş gibidir çünkü artık nihai amaç olan barışa ulaşmıştır.

Dünyevi istekleri olmamasına rağmen barış ermişi 7/24 barış için çalışmaya devam eder. İşte mucizevi işaret budur! O; barış için yaşıyor, o yüzden de savaş için yaşamıyor. Barış ermişi zaman boyutunda bulunuyor ama zamansızlıkta hareket ediyor.

Barış Sentezi

Bütün bunlar mükemmel bir ermişin işaretleridir. İşte barış ermişinin işareti barış içinde hareket etmek ama aynı zamanda sükûnet içinde bulunmak. O, topluma hizmet etmek için hareket eder ve bu barış dolu hareket, toplumu barışçıl yaparak değiştirir.

Yeryüzünde bütün savaşların bitmesi ve mutlak barışın meydana gelmesi bir ütopya gibi görünür. Buna rağmen barış ermişi gece gündüz bu ütopik görünen amaç için çalışır ve hayata geçirmeye devam eder.

Dünyada olmak ama dünyevi olmamak. İşte çelişkilerin buluştuğu yerde nihai barış ortaya çıkar. Barışı seçmek ama yine de seçimsiz olmak. Yani savaştan nefret etmemek, savaşla savaşmamak çünkü savaşla savaşan barışı kaçırır.

Tüm dünya mutlak barışın içinde buluşur ve savaşa yer bırakmaz. Mutlak barış tek bir nota değil, tüm notaların içinde eridiği varoluşsal bir senfonidir. İşte insan varoluşun akışında olunca barış senfonisiyle dolar.

Barış ve savaş iki kutuptur, iki uç noktadır. Herhangi bir uç noktayı seçmek basit ve kolay bir eylemdir. Lakin insan seçim yaptığında mutlak kaynaktan uzaklaşır ve onunla bütünleşemez çünkü Mutlak hiçbir şeyi reddetmez.

Mutlak her şeydir. O, her şeyin içindedir ve her şey onun içindedir. Şayet birey hiçbir şeyi reddetmeden, seçim yapmadan, seçimsiz bir farkındalıkla her şeyi kucaklarsa nihai barış ile bütünleşir.

Barış Senfonisi

Aslında savaş barışın içinde eriyince, savaş ile barış bir olunca mutlak barış ortaya çıkar ve birey mutlak barışın işareti, müjdecisi olur. İşte tekâmül aracılığıyla birey iki uç nokta olan barış ile savaşın birleşmesini sağlayınca yepyeni bir fenomen ortaya çıkar: MUTLAK BARIŞ!

Hayatı barışa adamak tehlikeli sulara yelken açmak demektir. Zira savaş taraftarları acımasız yaratıklardır. Bu acımasız yaratıkların üstesinden gelmek için birey bir barış rahmi olmalı ve barışı doğurmalıdır.

Dünyada hiçbir şey rahimden daha önemli değildir çünkü tüm yaşam biçimleri onun aracılığıyla oluşur. Tüm canlılar rahmin içinden geçer. Herkes için rahim dünyaya açılan kapıdır ve herkes istese de istemese de o kapıdan geçmek zorundadır.

İşte birey tekâmül sayesinde barış rahmi olup bireyleri içinden geçirirse insanlar barış için yeniden doğar. Özellikle bir kadın için barış rahmi olmak daha kolaydır çünkü kadın savunan, erkek ise saldıran yapıya sahiptir. Bu nedenle erkeğe saldırgan deniyor, kadına ise "savungan" diyoruz.

Erkek gördüğü her şeyi fethetmek ister. O yüzden savaşlar çıkarır. Bugüne kadar erkeklerin ürettiği tüm silahlar erkek cinselliğinin yansımasıdır. İşte bu sebepten dolayı bıçak, kılıç, ok, mızrak, kurşun, bomba, roket vs. erkek cinsel organını anımsatır.

Herkes bir şey arar. Peki, nedir o aranan şey? Aslında aranan şey bireyin ebedî özündeki mutlak barıştır ama hiç kimse bunun farkında değil. Esasında insan derinlerde bir yerde kendini arar çünkü bireyin öz doğası barıştır.

Barış Rahmi

Gerçek şu ki dışarı dönük olan bütün arayışlar eninde sonunda savaşla sonuçlanır ve yalnızca içeri dönük arayış, insanı barışa götürebilir. Örneğin bir insan dış dünyada zenginlik arayabilir ama aslında iç dünyasında paha biçilmez bir servete sahiptir.

O yüzden insan, ebedî özündeki sonsuz servete ulaşamayınca tatmin olamaz ve barışı bulamaz. Kişi ne kadar çok nesnel zenginliğe sahip olursa o kadar çok onun değersizliğini idrak eder.

Aslında insan, zenginliği daha fazla hayata, daha fazla güvenliğe ve daha fazla korumaya kavuşmak için arar. Ama kişi zenginliğe ulaştığında aniden onu ölüme karşı koruyamayacağını anlar ve hayal kırıklığına uğrar.

İşte zenginlik, insanı ölüme karşı koruyamadığı için daha fazla hayat veremez. Tüm arayış bir illüzyondan ibarettir. Ama kişi bunu hayatının sonunda anlar. Anlamasının nedeni huzura ve barışa ulaşamamasıdır.

Ama artık çok geçtir çünkü hayatı bitmiştir. Buna rağmen barışa ulaşmak için hiçbir zaman geç değil ve birey barışın değerini anladığı an barış yolunda ilerleyebilir. Barış yolu herkes için açıktır, yeter ki insan bunu idrak etsin.

Bazıları ise güç arar çünkü her şeye muktedir olmak ister çünkü bu şekilde ölümü bile yenebileceğine inanır. Ama güç ve iktidara eriştiğinde ölümün karşısında çaresiz olduğunu anlar ve acı çeker.

Barış Başarısı

Kişi güç ve iktidar konusunda başarılı olsa bile barış konusunda başarısız olur. Gerçek şu ki yeryüzünde hiçbir şey dünyevi başarı kadar insanı başarısızlığa uğratmaz çünkü kişi ne elde ederse etsin barışa kavuşamaz.

Bütün dünyevi konularda başarılı olsa dahi barış konusunda başarısız olur çünkü gerçek barış dünyevi barışın sınırlarının ötesindedir ve barış konusunda başarılı olmak için tekâmül yoluna başvurulmalıdır.

Başarısız insan başarılı olma umuduyla çabalamaya devam eder ama başarılı insan içsel boşluğun daha da arttığını hisseder. İşte bu içsel boşluğu yalnızca barış doldurabilir. O yüzden insan barışa ulaşmayınca içsel boşluk acı çektirmeye devam eder.

Zenginliğe ulaşan içindeki fakirliği, güce ulaşan içindeki zayıflığı, hayata sarılan içindeki ölümü hisseder. O yüzden insan zenginliğe, güce vs. erişirse huzur ve barış son derece anlamlı bir hâl alır.

İşte bir insan yalnızca dünyevi başarıya ulaşınca gittiği yönün tamamen yanlış olduğunu fark eder ve bu farkındalık, bireyi barışa yönlendirir. Aslında dünyevi başarı başarısızlık olur ve başarısızlık da bir dönüşüm noktası olur – savaşın barışa dönüşmesi.

Peki, neden dünyevi başarı başarısızlık anlamına gelir? Çünkü birey geçici zenginliği, gücü vs. aramıyor; ebedî huzuru ve barışı arıyor. İşte ebedî barış hiçbir ölümün yok edemeyeceği sonsuz varoluşu bahşediyor.

Barış Bahçıvanı

Bütün arayışlar ölüm korkusunun mevcut olmadığı bir varoluş içindir ve insan bu varoluşa yalnızca ebedî barış sayesinde erişebilir. Ebedî barışın tohumu insanın öz varlığındadır. Şayet insan içindeki ebedî barışı dışarı çıkarabilirse sahip olduğu her şey varoluşsal anlam kazanır.

Eğer insan özündeki ebedî barış tohumunu besler ve filizlenmesini sağlarsa heybetli bir barış ağacı ortaya çıkar. O heybetli barış ağacının gölgesinde herkes içsel huzuru ve barışı bulabilir, bulunca da başkalarına sunabilir.

İnsan bir barış bahçıvanı olup barış tohumunu doğru şekilde sulamalıdır ki tohum filizlensin. Bu filizlenme, tohumun ölümü ve ağacın doğuşu demektir. Aslında her açılım bir ölüm ve doğumdur.

Savaş dolu geçmiş ölmezse barış dolu gelecek doğamaz. Yeni barış insanının doğması için eski savaş insanı ölmelidir. İşte bu yüzden insan korkuyor – eskinin ölümü kişiyi korkutuyor ve kişi alışık olduğu savaşa tutunuyor.

O yüzden dünya barışa kavuşamıyor çünkü korkak insanlar alıştıkları ve bağımlılık geliştirdikleri savaşa tutunuyor hatta sımsıkı sarılıyor. Savaş her ne kadar rahatsız edici olsa da insanın alıştığı şey iyi hissettiriyor. Fakat bu iyi hissetme ölümcüldür.

İşte ölümden korkan insanlar ölümsüzlüğü hep dışarıda arar ve eninde sonunda ölür. Oysaki ölümsüzlüğü içeride aramak gerekir ve içeride arayan mutlaka ebedî barışın tohumunu bulur ve onun filizlenmesini sağlayarak nihai barışa erişir.

Barış Filizi

Herkes sahip olduğu beden gemisiyle hayat okyanusunda yolculuk yapar. Beden gemisi yaşlanıp su almaya başlayınca gemideki her şey onunla birlikte batar ve karşı kıyıya ulaşamaz olur çünkü fâni gemiye ait hiçbir şey ebedî olan karşı kıyıya taşınamaz.

Birey yalnızca, eriştiği ebedî barışı karşı kıyıya götürebilir çünkü ebedî barış karşı kıyıya aittir. Maddi bedende iki dünya yer alıyor – bu dünya ve öteki dünya. Bu iki dünya arasındaki bağlantı ebedî barıştır.

Bir insan bu dünyada ebedî barışa ne kadar ulaşırsa öteki dünyaya o kadar şey taşır. O zaman birey bu dünyadan fakir olarak değil, barış zengini olarak göçer. Barış zengini bu dünyada fakir gibi görünebilir ama öteki dünyada krallar gibi olur.

İşte fâni zenginlik, güç vs. insanı yok eder; ebedî barış ise ebediyen yaşatır. Zira gerçek zenginlik ve güç, iç dünyadaki ebedî barıştır. Ölüm geldiğinde insanın sahip olduğu ebedî barış hariç her şeyi alır ve onu çırılçıplak bırakır.

Sadece ebedî barış, ölümün ötesine geçer. Bir insanın hayatında ölümü aşabilecek tek şey ebedî barış ışığıdır. Ebedî barış içinde olan insan, tamamen farkında olarak ölüm kapısından geçer.

Ebedî barış içinde ölmek ya da ölmemek. İşte bütün mesele budur! Ama barış içinde yaşamamış insan; bedeni barış içinde terk edemez, acılar içinde ölür çünkü öleceğine inanır. Zira hayatta ebedî barışın farkında olmayan insan, ölümde de farkında olamaz ve acılar içinde ölmeye mahkûm olur.

Ey insanlık! Şimdi barış çiçeğini ruhlarımıza ekme zamanı. Bu çiçek her bireyin içinde yeşermeye başladığında dünya gerçek cennete dönüşecektir. Çünkü barış, hayal değildir. Barış, insanın özünde var olan en saf gerçektir ve bu gerçek; bizi hep bir arada tutacak, hep güçlü kılacak ve her türlü savaştan kurtaracaktır.

Barış; şimdi ve daima, içimizde büyüsün!

NOTLAR

AKİF MANAF

DİĞER YAYINLAR

Evren neden ve nasıl tezahür etmiştir?
Ego nedir?
Orijinal Yoga Sistemi nedir?
Ruh nereden kaynaklanmaktadır?
Kişisel ve ruhsal gelişim nedir?
Astral seyahat nedir?
Melekler, cinler ve uzaylı varlıklar kimlerdir?
Cehennem neresidir?
Ölümden sonra yaşam mümkün mü?

Tanrı nedir?
Evrim enerjisi nedir?
Ruh nereden kaynaklanmaktadır?
Kişisel ve ruhsal gelişim nedir?
Astral seyahat nedir?
Melekler, cinler ve uzaylı varlıklar kimlerdir?
Cennet ve Cehennem neresidir?
Ölümden sonra yaşam mümkün mü?
Orijinal Yoga Sistemi nedir?

Ölüm nedir?
Ölümsüzlük nedir?
Neden insan acılar içinde ölür?
Ölümden sonra yaşam var mı?
Ölüm korkusu nereden kaynaklanıyor?
Doğru ölüm saati nedir?
Ölüm bilinçli olarak deneyimlenebilir mi?
Ölüm deneyimini yaşayıp geri dönmek mümkün mü?
Ölüm şekli neye bağlı?
Ölümsüz olmak mümkün mü?

Ruh nedir?
Ruh nasıl yaşanır?
Neden insan acı çeker?
Ruhi yaşam nedir?
Korkular nereden kaynaklanıyor?
Ruh nasıl anlaşılır?
Ruh bilinçli olarak deneyimlenebilir mi?
Ruhu deneyimlemek mümkün mü?
Ruhun biçimi var mı?
Bedende iken ruh olarak yaşamak mümkün mü?

Kader nedir?
Kaderin nasıl efendisi olunur?
Kader nasıl aşılır?
Kader nasıl kontrol edilebilir?
Kader nereden kaynaklanıyor?
Kader zincirlerinden nasıl kurtulunur?
Kader nasıl yeniden yazılır?
Kader köleliği nasıl biter?
Kader ötesine geçmek nedir?
Kader nasıl fethedilir?

Sevgi nedir?
Sevgi nasıl ifade edilir?
Sevgi enerjisi nedir?
Sevgi nasıl nefrete dönüşür?
Sevgi köprüsü nedir?
Sevginin ötesine geçmek nedir?
Sevginin gücü nedir?
Koşulsuz sevgi nedir?
Evrensel sevgi nedir?
Spiritüel sevgi nedir?

Zenginlik nedir?
Element zenginliği nedir?
Zenginlik element bağlantısı nedir?
Zengin olmak nedir?
Maddi ve manevi zenginlik nedir?
Zaman zengini olmak nedir?
Yetenekler zenginliği nedir?
Huzur zenginliği nedir?
Spiritüel zenginlik nedir?
Ömür zengini nedir?

Fedakârlık nedir?
Fedakârlığın önemi nedir?
Beklentisiz fedakârlık nedir?
Üç tür fedakârlık nedir?
Fedakârlığın niteliği nedir?
Gerçek fedakârlık nedir?
Fedakârlık ve dayanma gücü nedir?
Fedakârlık ve sorumluluk nedir?
Doğru fedakârlık nedir?
Spiritüel fedakârlık nedir?

Cinsellik nedir?
Özgür cinsellik nedir?
Cinsel özgürlük nedir?
Cinsel beslenme nedir?
Bilinçli cinsellik nedir?
Cinsel dürtü nedir?
Cinselliğin spiritüelleşmesi nedir?
Dengeli cinsellik nedir?
Doğru cinsellik nedir?
Spiritüel cinsellik nedir?

Özgürlük nedir?
Özgür olmak için farkına varmak nedir?
Özgürce rol oynamak nedir?
Özgürlüğün boyutları nedir?
Özgürlüğün türleri nedir?
Özgürlük psikolojisi nedir?
Özgürce sevmek nedir?
Özgürlüğü kaybetmek nedir?
Özgürlük ve kontrol nedir?
Özgürlük ve sorumluluk nedir?

Yaratıcılık nedir?
Yaratıcı olmak nedir?
Yapıcılık ve yıkıcılık nedir?
Yaratıcılık ve zihin nedir?
Yaratıcılık ve spiritüellik nedir?
Yaratıcılık ve çocukluk nedir?
Yaratıcılık ve hayalcilik nedir?
Yaratıcılık ve disiplin nedir?
Yaratıcılık ve inanç nedir?
Yaratıcılık ve uyum nedir?

Olgunluk nedir?
Olgunluk ve kontrol nedir?
Olgunluk ve şiddet nedir?
Olgunluk ve tekâmül nedir?
Olgunluk belirtileri nedir?
Olgunlaşma ve yaşlanma nedir?
Olgunlaşma ve çocuklaşma nedir?
Olgunlaşmak ve kendin olmak nedir?
Olgunlaşmak ve bütünleşmek nedir?
Olgunlaşmak ve özgürleşmek nedir?

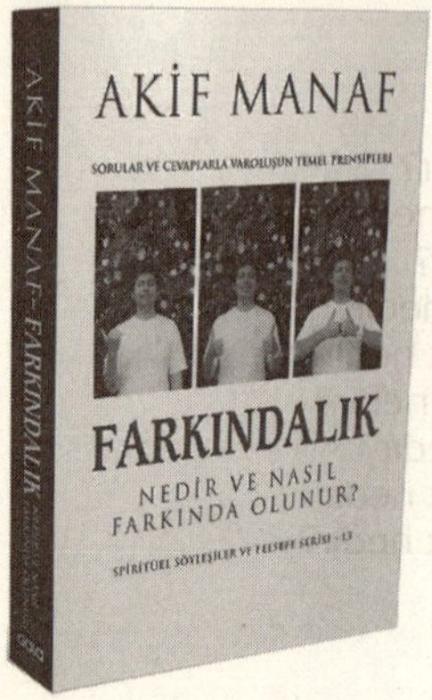

Farkındalık nedir?
Farkındalık ve uyku nedir?
Farkındalık ve uyanış nedir?
Farkındalık ve kopuş nedir?
Farkındalık ve acı nedir?
Farkındalık ve mekaniklik nedir?
Farkında olmak ve vazgeçmek nedir?
Kendinin farkında olmak nedir?
Merkezin farkında olmak nedir?
Gerçeğin farkında olmak nedir?

Zekâ nedir?
Zekâ ve ayırt etme nedir?
Zekâ ve zihin nedir?
Zekâ ve üç nitelik nedir?
Zekâ ve mutluluk nedir?
Zekâ ve saygı nedir?
Zekâ ve sevgi nedir?
Zekâ ve farkındalık nedir?
Zekâ ve özdeşleşme nedir?
Zekâ ve açık olmak nedir?

Cesaret nedir?
Cesaret ve sevgi nedir?
Cesaret ve güven nedir?
Cesaret ve yenilenme nedir?
Cesaret ve tehlike nedir?
Cesaret ve mutluluk nedir?
Cesaret ve gizem nedir?
Cesaret ve masumiyet nedir?
Cesaret ve inanç nedir?
Cesaret ve ötesi nedir?

Coşku nedir?
Coşku ve hırs nedir?
Coşku ve sessizlik nedir?
Coşku ve acı nedir?
Coşku ve varoluş nedir?
Coşku ve mutluluk nedir?
Coşku ve bencillik nedir?
Coşku ve korku nedir?
Coşku ve özgürlük nedir?
Coşku ve olgunluk nedir?

Sezgi nedir?
Sezgi ve muhakeme nedir?
Sezgi ve zaman nedir?
Sezgi ve farkındalık nedir?
Sezgi ve içgüdü nedir?
Sezgi ve iç rehber nedir?
Sezgi ve mutluluk nedir?
Sezgi ve bilgi nedir?
Sezgi ve ayırt etme nedir?
Sezgi ve benlik nedir?

Samimiyet nedir?
Samimiyet ve mahremiyet nedir?
Samimiyet ve gerçeklik nedir?
Samimiyet ve tepkisellik nedir?
Samimiyet ve dürüstlük nedir?
Samimiyet ve sevgi nedir?
Samimiyet ve iletişim nedir?
Samimiyet ve arayış nedir?
Samimiyet ve güven nedir?

Korku nedir?
Korku kaynağı nedir?
Korku ve zaman nedir?
Korku ve korkaklık nedir?
Korku ve korkusuzluk nedir?
Korku ve acı nedir?
Korku ve içsel ses nedir?
Korku ve yaşam nedir?
Korku ve ölüm nedir?
Korku ve sevgi nedir?

Aşk nedir?
Aşk kimyası nedir?
Aşk hormonu nedir?
Aşk formülü nedir?
Aşk sanatı nedir?
Aşk ateşi nedir?
Aşk intikamı nedir?
Aşk gizemi nedir?
Aşk aynası nedir?
Aşk simyası nedir?
Aşk matematiği nedir?

Mutluluk nedir?
Mutluluk hormonu nedir?
Mutluluk kapısı nedir?
Mutluluk baharı nedir?
Mutluluk sanatı nedir?
Mutluluk devrimi nedir?
Mutluluk müjdesi nedir?
Mutluluk krallığı nedir?
Mutluluk ışığı nedir?
Mutluluk başarısı nedir?
Mutluluk farkındalığı nedir?

Başarı nedir?
Başarı formülü nedir?
Başarı sırları nedir?
Başarı simyası nedir?
Başarı yolu nedir?
Başarı kapısı nedir?
Başarı anahtarı nedir?
Başarı cenneti nedir?
Başarı güneşi nedir?
Başarı baharı nedir?
Başarı çiçeği nedir?

Güç nedir?
Güç formülü nedir?
Güç patlaması nedir?
Güç paranoyası nedir?
Güç cenneti nedir?
Güç açlığı nedir?
Güç deliliği nedir?
Güç köleliği nedir?
Güç tutkusu nedir?
Güç yağmuru nedir?
Güç yükselmesi nedir?

Öfke nedir?
Öfke ABC'si nedir?
Öfke psikolojisi nedir?
Öfke ideolojisi nedir?
Öfke uyuşturucusu nedir?
Öfke projeksiyonu nedir?
Öfke gizemi nedir?
Öfke dinamiği nedir?
Öfke kamuflajı nedir?
Öfke paraziti nedir?
Öfke gerçeği nedir?

Bilgi nedir?
Bilgi dinamiği nedir?
Bilgi patlaması nedir?
Bilgi kapısı nedir?
Bilgi hazinesi nedir?
Bilgi çiçeği nedir?
Bilgi köprüsü nedir?
Bilgi gözü nedir?
Bilgi baharı nedir?
Bilgi cenneti nedir?
Bilgi sırrı nedir?

Yalnızlık nedir?
Yalnızlık hazinesi nedir?
Yalnızlık armağanı nedir?
Yalnızlık keyfi nedir?
Yalnızlık mucizesi nedir?
Yalnızlık psikolojisi nedir?
Yalnızlık paradoksu nedir?
Yalnızlık potansiyeli nedir?
Yalnızlık köprüsü nedir?
Yalnızlık cenneti nedir?
Yalnızlık gizemi nedir?

Değişim nedir?
Değişim dinamikleri nedir?
Değişim anahtarı nedir?
Değişim perspektifi nedir?
Değişim hazzı nedir?
Değişim devrimi nedir?
Değişim patlaması nedir?
Değişim gücü nedir?
Değişim zaferi nedir?
Değişim zenginliği nedir?
Değişim kutlaması nedir?

Kıskançlık nedir?
Kıskançlık ağacı nedir?
Kıskançlık nedenleri nedir?
Kıskançlık gerçekleri nedir?
Kıskançlık dönüşmesi nedir?
Kıskançlık özgürlüğü nedir?
Kıskançlık psikolojisi nedir?
Kıskançlık güzelliği nedir?
Kıskançlık analizi nedir?
Kıskançlık masumiyeti nedir?
Kıskançlık mirası nedir?

Tekâmül nedir?
Tekâmül dinamiği nedir?
Tekâmül gizemi nedir?
Tekâmül paradoksu nedir?
Tekâmül aracı nedir?
Tekâmül zirvesi nedir?
Tekâmül kutlaması nedir?
Tekâmül metafiziği nedir?
Tekâmül matematiği nedir?
Tekâmül sırrı nedir?
Tekâmül mucizesi nedir?

Gerçek nedir?
Gerçek simülasyonu nedir?
Gerçek bilmecesi nedir?
Gerçek uyanışı nedir?
Gerçek armağanı nedir?
Gerçek mucizesi nedir?
Gerçek paradoksu nedir?
Gerçek şoku nedir?
Gerçek gizemli nedir?
Gerçek potansiyeli nedir?
Gerçek zirvesi nedir?

Yaşam nedir?
Yaşam bilmecesi nedir?
Yaşam paradoksu nedir?
Yaşam amacı nedir?
Yaşam sürprizi nedir?
Yaşam hazinesi nedir?
Yaşam gizemi nedir?
Yaşam metafiziği nedir?
Yaşam sanatı nedir?
Yaşam aşkı nedir?
Yaşam şifresi nedir?

Sır nedir?
Sır anahtarı nedir?
Sır mucizesi nedir?
Sır hazinesi nedir?
Sır büyüsü nedir?
Sır insanı nedir?
Sır patlaması nedir?
Sır kapısı nedir?
Sır gerçeği nedir?
Sır gözü nedir?
Sır paradoksu nedir?

Devrim nedir?
Devrim dinamiği nedir?
Devrim psikolojisi nedir?
Devrim potansiyeli nedir?
Devrim insanı nedir?
Devrim amacı nedir?
Devrim patlaması nedir?
Devrim kapısı nedir?
Devrim gerçeği nedir?
Devrim hazzı nedir?
Devrim paradoksu nedir?

İnsan nedir ?
İnsan gerçeği nedir ?
İnsan haini nedir ?
İnsan yenilenmesi nedir ?
İnsan spiritüellojisi nedir ?
İnsan hazinesi nedir ?
İnsan serüveni nedir ?
İnsan potansiyeli nedir ?
İnsan sırrı nedir ?
İnsan psikolojisi nedir ?
İnsan labirenti nedir ?

Hırs nedir?
Hırs makinesi nedir?
Hırs kıskacı nedir?
Hırs büyüsü nedir?
Hırs çılgınlığı nedir?
Hırs mekanizması nedir?
Hırs cazibesi nedir?
Hırs kapısı nedir?
Hırs tuzağı nedir?
Hırs işleyişi nedir?
Hırs gerçeği nedir?

Şöhret nedir?
Şöhret patlaması nedir?
Şöhret dinamiği nedir?
Şöhret formülü nedir?
Şöhret gücü nedir?
Şöhret enerjisi nedir?
Şöhret matematiği nedir?
Şöhret stratejisi nedir?
Şöhret psikolojisi nedir?
Şöhret efsanesi nedir?
Şöhret zirvesi nedir?

Dünyaca ünlü yazar, Nobel Barış Ödülü Adayı Akif Manaf bu kitapta evrensel bilgileri kapsamlı bir şekilde, gerekli tüm detaylarıyla birlikte ele almıştır. Bu eşsiz eser hem derin teorik bilgilere hem de çok boyutlu pratik deneyimlere dayanmaktadır.

Bu kitabı okuyan insan, siyaset konusunda bütün sorularına cevap bulacaktır!

Siyaset nedir?
Siyaset dinamikleri nedir?
Siyaset psikolojisi nedir?
Siyaset merdiveni nedir?
Siyaset tohumları nedir?
Siyaset değişimi nedir?
Siyaset dünyası nedir?
Siyaset tutkusu nedir?
Siyaset gücü nedir?
Siyaset sevgisi nedir?
Siyaset ideali nedir?

Bu ve bunun gibi sorular artık cevapsız kalmayacak!

Bu şaheserde verilen bilgilere sahip olan ve yaşamını bu bilgiler ışığında şekillendiren herkes fiziksel, zihinsel ve ruhsal sağlığını sonuna kadar koruyabilecek.

Dünyaca ünlü yazar, Nobel Barış Ödülü Adayı Akif Manaf bu kitapta evrensel bilgileri kapsamlı bir şekilde, gerekli tüm detaylarıyla birlikte ele almıştır. Bu eşsiz eser hem derin teorik bilgilere hem de çok boyutlu pratik deneyimlere dayanmaktadır.

Bu kitabı okuyan insan, ahlak konusundaki bütün sorularına cevap bulacaktır!

Ahlak nedir?
Ahlak psikolojisi nedir?
Ahlak basamakları nedir?
Ahlak boyutları nedir?
Ahlak ideolojisi nedir?
Ahlak hazinesi nedir?
Ahlak anahtarı nedir?
Ahlak tezahürü nedir?
Ahlak stratejisi nedir?
Ahlak fenomeni nedir?
Ahlak gücü nedir?

Bu ve bunun gibi sorular artık cevapsız kalmayacak!

Bu şaheserde verilen bilgilere sahip olan ve yaşamını bu bilgiler ışığında şekillendiren herkes fiziksel, zihinsel ve ruhsal sağlığını sonuna kadar koruyabilecek.

Dünyaca ünlü yazar, Nobel Barış Ödülü Adayı Akif Manaf bu kitapta evrensel bilgileri kapsamlı bir şekilde, gerekli tüm detaylarıyla birlikte ele almıştır. Bu eşsiz eser hem derin teorik bilgilere hem de çok boyutlu pratik deneyimlere dayanmaktadır.

Bu kitabı okuyan insan, merhamet konusundaki bütün sorularına cevap bulacaktır!

Merhamet nedir?
Merhamet repertuvarı nedir?
Merhamet parametreleri nedir?
Merhamet psikolojisi nedir?
Merhamet sanatı nedir?
Merhamet paradoksu nedir?
Merhamet zirvesi nedir?
Merhamet kılavuzu nedir?
Merhamet ermişliği nedir?
Merhametli vizyonu nedir?
Merhamet mucizesi nedir?

Bu ve bunun gibi sorular artık cevapsız kalmayacak!

Bu şaheserde verilen bilgilere sahip olan ve yaşamını bu bilgiler ışığında şekillendiren herkes fiziksel, zihinsel ve ruhsal sağlığını sonuna kadar koruyabilecek.

Dünyaca ünlü yazar, Nobel Barış Ödülü Adayı Akif Manaf bu kitapta evrensel bilgileri kapsamlı bir şekilde, gerekli tüm detaylarıyla birlikte ele almıştır. Bu eşsiz eser hem derin teorik bilgilere hem de çok boyutlu pratik deneyimlere dayanmaktadır.

Bu kitabı okuyan insan, aydınlanma konusundaki bütün sorularına cevap bulacaktır!

Aydınlanma nedir?
Aydınlanma yolu nedir?
Aydınlanma metodolojisi nedir?
Aydınlanma düsturu nedir?
Aydınlanma yolculuğu nedir?
Aydınlanma psikolojisi nedir?
Aydınlanma şifresi nedir?
Aydınlanma zirvesi nedir?
Aydınlanma stratejisi nedir?
Aydınlanma dürtüsü nedir?
Aydınlanma paradoksu nedir?

Bu ve bunun gibi sorular artık cevapsız kalmayacak!

Bu şaheserde verilen bilgilere sahip olan ve yaşamını bu bilgiler ışığında şekillendiren herkes fiziksel, zihinsel ve ruhsal sağlığını sonuna kadar koruyabilecek.

Dünyaca ünlü yazar, Nobel Barış Ödülü Adayı Akif Manaf bu kitapta evrensel bilgileri kapsamlı bir şekilde, gerekli tüm detaylarıyla birlikte ele almıştır. Bu eşsiz eser hem derin teorik bilgilere hem de çok boyutlu pratik deneyimlere dayanmaktadır.

Bu kitabı okuyan insan, bilinç konusundaki bütün sorularına cevap bulacaktır!

Bilinç nedir?
Bilinç fenomeni nedir?
Bilinç kaynağı nedir?
Bilinç deneyimi nedir?
Bilinç gizemi nedir?
Bilinç dinamikleri nedir?
Bilinç patlaması nedir?
Bilinç zirvesi nedir?
Bilinç sıçraması nedir?
Bilinç Akademisi nedir?
Bilinç mucizesi nedir?

Bu ve bunun gibi sorular artık cevapsız kalmayacak!

Bu şaheserde verilen bilgilere sahip olan ve yaşamını bu bilgiler ışığında şekillendiren herkes fiziksel, zihinsel ve ruhsal sağlığını sonuna kadar koruyabilecek.

Dünyaca ünlü yazar, Nobel Barış Ödülü Adayı Akif Manaf bu kitapta evrensel bilgileri kapsamlı bir şekilde, gerekli tüm detaylarıyla birlikte ele almıştır. Bu eşsiz eser hem derin teorik bilgilere hem de çok boyutlu pratik deneyimlere dayanmaktadır.

Bu kitabı okuyan insan, anlayış konusundaki bütün sorularına cevap bulacaktır!

Anlayış nedir?
Anlayış fenomeni nedir?
Anlayış dinamikleri nedir?
Anlayış gizemi nedir?
Anlayış zirvesi nedir?
Anlayış sıçraması nedir?
Anlayış göstermek nedir?
Anlayış mucizesi nedir?
Anlayış patlaması nedir?
Anlayış deneyimi nedir?
Anlayış kaynağı nedir?

Bu ve bunun gibi sorular artık cevapsız kalmayacak!

Bu şaheserde verilen bilgilere sahip olan ve yaşamını bu bilgiler ışığında şekillendiren herkes fiziksel, zihinsel ve ruhsal sağlığını sonuna kadar koruyabilecek.

Dünyaca ünlü yazar Akif Manaf bu kitapta evrensel bilgileri kapsamlı bir şekilde, gerekli tüm detaylarıyla birlikte ele almıştır. Bu eşsiz eser hem derin teorik bilgilere hem de çok boyutlu pratik deneyimlere dayanmaktadır.

Bu kitabı okuyan insan, zihin konusundaki bütün sorularına cevap bulacaktır!

Zihin nedir?
Zihin felsefesi nedir?
Zihin mekanizması nedir?
Zihin işleyişi nedir?
Zihin gözü nedir?
Zihin detoksu nedir?
Zihin ötesi nedir?
Zihin dinamikleri nedir?
Zihin mucizesi nedir?
Zihin kurgu nedir?
Zihin piramidi nedir?

Bu ve bunun gibi sorular artık cevapsız kalmayacak!

Bu şaheserde verilen bilgilere sahip olan ve yaşamını bu bilgiler ışığında şekillendiren herkes fiziksel, zihinsel ve ruhsal sağlığını sonuna kadar koruyabilecek.

Dünyaca ünlü yazar Akif Manaf bu kitapta evrensel bilgileri kapsamlı bir şekilde, gerekli tüm detaylarıyla birlikte ele almıştır. Bu eşsiz eser hem derin teorik bilgilere hem de çok boyutlu pratik deneyimlere dayanmaktadır.

Bu kitabı okuyan insan, bilgelik konusundaki bütün sorularına cevap bulacaktır!

Bilgelik nedir?
Bilgelik panzehri nedir?
Bilgelik yolu nedir?
Bilgelik sanatı nedir?
Bilgelik ışığı nedir?
Bilgelik hazinesi nedir?
Bilgelik simyası nedir?
Bilgelik gizemi nedir?
Bilgelik mucizesi nedir?
Bilgelik mekanizması nedir?
Bilgelik paradoksu nedir?

Bu ve bunun gibi sorular artık cevapsız kalmayacak!

Bu şaheserde verilen bilgilere sahip olan ve yaşamını bu bilgiler ışığında şekillendiren herkes fiziksel, zihinsel ve ruhsal sağlığını sonuna kadar koruyabilecek.

Dünyaca ünlü yazar Akif Manaf bu kitapta evrensel bilgileri kapsamlı bir şekilde, gerekli tüm detaylarıyla birlikte ele almıştır. Bu eşsiz eser hem derin teorik bilgilere hem de çok boyutlu pratik deneyimlere dayanmaktadır.

Bu kitabı okuyan insan, yol konusundaki bütün sorularına cevap bulacaktır!

Yol nedir?
Yol felsefesi nedir?
Yol zirvesi nedir?
Yol zenginliği nedir?
Yol gizemi nedir?
Yol devrimi nedir?
Yol paradoksu nedir?
Yol hedefi nedir?
Yol saadeti nedir?
Yol anahtarı nedir?
Yol mucizesi nedir?

Bu ve bunun gibi sorular artık cevapsız kalmayacak!

Bu şaheserde verilen bilgilere sahip olan ve yaşamını bu bilgiler ışığında şekillendiren herkes fiziksel, zihinsel ve ruhsal sağlığını sonuna kadar koruyabilecek.

Dünyaca ünlü yazar Akif Manaf bu kitapta evrensel bilgileri kapsamlı bir şekilde, gerekli tüm detaylarıyla birlikte ele almıştır. Bu eşsiz eser hem derin teorik bilgilere hem de çok boyutlu pratik deneyimlere dayanmaktadır.

Bu kitabı okuyan insan, duygu konusundaki bütün sorularına cevap bulacaktır!

Duygu nedir?
Duygu nedeni nedir?
Duygu psikolojisi nedir?
Duygu dinamikleri nedir?
Duygu dönüşümü nedir?
Duygu biyolojisi nedir?
Duygu gücü nedir?
Duygu dengesi nedir?
Duygu enerjisi nedir?
Duygu yönetimi nedir?
Duygu doyumu nedir?

Bu ve bunun gibi sorular artık cevapsız kalmayacak!

Bu şaheserde verilen bilgilere sahip olan ve yaşamını bu bilgiler ışığında şekillendiren herkes fiziksel, zihinsel ve ruhsal sağlığını sonuna kadar koruyabilecek.

Dünyaca ünlü yazar, Nobel Barış Ödülü Adayı Akif Manaf bu kitapta evrensel bilgileri kapsamlı bir şekilde, gerekli tüm detaylarıyla birlikte ele almıştır. Bu eşsiz eser hem derin teorik bilgilere hem de çok boyutlu pratik deneyimlere dayanmaktadır.

Bu kitabı okuyan insan, masumiyet konusundaki bütün sorularına cevap bulacaktır!

Masumiyet nedir?
Masumiyet bozulması nedir?
Masumiyet psikolojisi nedir?
Masumiyet dinamikleri nedir?
Masumiyet sırrı nedir?
Masumiyet kaynağı nedir?
Masumiyet yolu nedir?
Masumiyet hazinesi nedir?
Masumiyet gücü nedir?
Masumiyet sihri nedir?
Masumiyet mutluluğu nedir?

Bu ve bunun gibi sorular artık cevapsız kalmayacak!

Bu şaheserde verilen bilgilere sahip olan ve yaşamını bu bilgiler ışığında şekillendiren herkes fiziksel, zihinsel ve ruhsal sağlığını sonuna kadar koruyabilecek.

Dünyaca ünlü yazar, Nobel Barış Ödülü Adayı Akif Manaf bu kitapta evrensel bilgileri kapsamlı bir şekilde, gerekli tüm detaylarıyla birlikte ele almıştır. Bu eşsiz eser hem derin teorik bilgilere hem de çok boyutlu pratik deneyimlere dayanmaktadır.

Bu kitabı okuyan insan, kuşku konusundaki bütün sorularına cevap bulacaktır!

Kuşku nedir?
Kuşku psikolojisi nedir?
Kuşku kaynağı nedir?
Kuşku mekanizması nedir?
Kuşku felsefesi nedir?
Kuşku anahtarı nedir?
Kuşku gerçeği nedir?
Kuşku patlaması nedir?
Kuşku hipnozu nedir?
Kuşku fenomeni nedir?
Kuşku paradigması nedir?
Bu ve bunun gibi sorular artık cevapsız kalmayacak!

Bu şaheserde verilen bilgilere sahip olan ve yaşamını bu bilgiler ışığında şekillendiren herkes fiziksel, zihinsel ve ruhsal sağlığını sonuna kadar koruyabilecek.

Dünyaca ünlü yazar, Nobel Barış Ödülü Adayı Akif Manaf bu kitapta evrensel bilgileri kapsamlı bir şekilde, gerekli tüm detaylarıyla birlikte ele almıştır. Bu eşsiz eser hem derin teorik bilgilere hem de çok boyutlu pratik deneyimlere dayanmaktadır.

Bu kitabı okuyan insan, merak konusundaki bütün sorularına cevap bulacaktır!

Merak nedir?
Merak psikolojisi nedir?
Merak sosyolojisi nedir?
Merak ideolojisi nedir?
Merak nörolojisi nedir?
Merak fenomeni nedir?
Merak hazinesi nedir?
Merak gizemi nedir?
Merak mucizesi nedir?
Merak mistisizmi nedir?

Bu ve bunun gibi sorular artık cevapsız kalmayacak!

Bu şaheserde verilen bilgilere sahip olan ve yaşamını bu bilgiler ışığında şekillendiren herkes fiziksel, zihinsel ve ruhsal sağlığını sonuna kadar koruyabilecek.

Dünyaca ünlü yazar, Nobel Barış Ödülü Adayı Akif Manaf bu kitapta evrensel bilgileri kapsamlı bir şekilde, gerekli tüm detaylarıyla birlikte ele almıştır. Bu eşsiz eser hem derin teorik bilgilere hem de çok boyutlu pratik deneyimlere dayanmaktadır.

Bu kitabı okuyan insan, kahkaha konusundaki bütün sorularına cevap bulacaktır!

Kahkaha nedir?
Kahkaha yararları nedir?
Kahkaha formülü nedir?
Kahkaha sanatı nedir?
Kahkaha mekanizması nedir?
Kahkaha devrimi nedir?
Kahkaha terapisi nedir?
Kahkaha gerçeği nedir?
Kahkaha psikolojisi nedir?
Kahkaha armağanı nedir?
Kahkaha gizemi nedir?

Bu ve bunun gibi sorular artık cevapsız kalmayacak!

Bu şaheserde verilen bilgilere sahip olan ve yaşamını bu bilgiler ışığında şekillendiren herkes fiziksel, zihinsel ve ruhsal sağlığını sonuna kadar koruyabilecek.

Dünyaca ünlü yazar, Nobel Barış Ödülü Adayı Akif Manaf bu kitapta evrensel bilgileri kapsamlı bir şekilde, gerekli tüm detaylarıyla birlikte ele almıştır. Bu eşsiz eser hem derin teorik bilgilere hem de çok boyutlu pratik deneyimlere dayanmaktadır.

Bu kitabı okuyan insan, fanatizm konusundaki bütün sorularına cevap bulacaktır!

Fanatizm nedir?
Fanatizm dinamikleri nedir?
Fanatizm psikolojisi nedir?
Fanatizm kodları nedir?
Fanatizm mekanizması nedir?
Fanatizm paradoksu nedir?
Fanatizm gerçeği nedir?
Fanatizm dönüşümü nedir?
Fanatizm patlaması nedir?
Fanatizm kökeni nedir?
Fanatizm sendromu nedir?

Bu ve bunun gibi sorular artık cevapsız kalmayacak!

Bu şaheserde verilen bilgilere sahip olan ve yaşamını bu bilgiler ışığında şekillendiren herkes fiziksel, zihinsel ve ruhsal sağlığını sonuna kadar koruyabilecek.

Dünyaca ünlü yazar, Nobel Barış Ödülü Adayı Akif Manaf bu kitapta evrensel bilgileri kapsamlı bir şekilde, gerekli tüm detaylarıyla birlikte ele almıştır. Bu eşsiz eser hem derin teorik bilgilere hem de çok boyutlu pratik deneyimlere dayanmaktadır.

Bu kitabı okuyan insan, beden konusundaki bütün sorularına cevap bulacaktır!

Beden nedir?
Beden sosyolojisi nedir?
Beden mekanizması nedir?
Beden sevgisi nedir?
Beden zenginliği nedir?
Beden mucizesi nedir?
Beden gizemi nedir?
Beden bilgeliği nedir?
Beden gerçeği nedir?
Beden orgazmı nedir?
Beden mutluluğu nedir?
Bu ve bunun gibi sorular artık cevapsız kalmayacak!

Bu şaheserde verilen bilgilere sahip olan ve yaşamını bu bilgiler ışığında şekillendiren herkes fiziksel, zihinsel ve ruhsal sağlığını sonuna kadar koruyabilecek.

Dünyaca ünlü yazar, Nobel Barış Ödülü Adayı Akif Manaf bu kitapta evrensel bilgileri kapsamlı bir şekilde, gerekli tüm detaylarıyla birlikte ele almıştır. Bu eşsiz eser hem derin teorik bilgilere hem de çok boyutlu pratik deneyimlere dayanmaktadır.

Bu kitabı okuyan insan, inanç konusundaki bütün sorularına cevap bulacaktır!

İnanç nedir?
İnanç yolculuğu nedir?
İnanç zenginliği nedir?
İnanç ticareti nedir?
İnanç ihtiyacı nedir?
İnanç sevgisi nedir?
İnanç psikolojisi nedir?
İnanç hipnozu nedir?
İnanç zincirleri nedir?
İnanç yolu nedir?
İnanç kıskacı nedir?

Bu ve bunun gibi sorular artık cevapsız kalmayacak!

Bu şaheserde verilen bilgilere sahip olan ve yaşamını bu bilgiler ışığında şekillendiren herkes fiziksel, zihinsel ve ruhsal sağlığını sonuna kadar koruyabilecek.

Aşk yağmuru yağdığında kıskançlık şimşeği de çakar ve nefret karanlığı çöker.

Nefret, bir kimseye veya bir şeye karşı duyulan son derece negatif bir duygudur. Nefret son derece sinsi ve yanıltıcı bir duygudur çünkü çoğu zaman tiksinti veya iğrenme hissi olarak ortaya çıkar.

Sevgi kelebeği nefret ateşine daldığında kanatlarını yakar ve artık uçamaz, sadece sürünebilir.

Deliler gibi seven deliler gibi nefret eder. Deliler gibi sevmek akla zarar vermediği halde deliler gibi nefret etmek aklın kaçırılmasına neden olur.

Nefret gerçek sevginin, altın sevgi sikkesinin sahte taklididir. Sevgi olmayınca nefret onun yerine geçer ve sevgiyi taklit eder.

Nefret ile dolu olan her hain içinde bir seri katil potansiyeli taşır. Hain tipolojisi sevgiyi taklit eder ve bu taklidin öteki adı nefrettir.

Canlı varlık gerçek canını unutunca canını yakarak öz canına ulaşmaya çalışır. Kişi bedenine acı vererek can yanması sayesinde canının değerini ortaya çıkarmak için çabalar.

Acı çok özel ve aynı zamanda çok arkaik, sözelleştirilemeyen bir lisandır. Aydınlanmamış insan bedenine acı çektirerek öz benliğine dokunmuş, temas etmiş ve onu hissetmiş olur.

Hayatta gerçekçi olmak, acı zehrine karşı en etkili panzehirdir. Eğer hayatta acı çekmek istemiyorsan gerçekçi ol!

Her zevkin rahminde acı olduğu gibi her acının rahminde de zevk vardır. Zevke gebe olan acının ebesi ol – zevk doğacaktır!

Acı ile yaratıcılık arasında gizemli bir bağ var. Bu bağı keşfeden kendini de keşfeder. En acı iç çekiş en içteki yaratıcı gücü uyandırır! Acılar içinde kıvranan insanın, yaşadığı acı depremleri sonucunda yüreğinin kapıları acı rüzgârı aracılığıyla açılır ve acılar dışarı fırlar!

İnsanlar önce hayvanları gereksiz yere katletmekte sonra da uyguladıkları şiddet yüzünden birbirlerine saldırmakta ve insan insanı öldürmektedir. Şiddet orman yangını gibidir, bir kere uygulanmaya başlandı mı, insanın bütün bünyesini yakıp yıkar.

Şiddet uygulayan insana, şiddet dolu geçmiş düşman olur ve onun şiddet dışı bir gelecek gibi dostu olamaz. Şiddet her zaman düşmandır ve şiddet uygulayan insanın en büyük düşmanı uyguladığı şiddettir.

Şiddete güvenen insan şiddet tarafından ihanete uğrar çünkü şiddet onu yüzüstü bırakır. Esasında şiddet uygulayarak öldüren insanı, uyguladığı şiddet öldürür. Çünkü şiddet, şiddet uygulayanı sevmez.

Gerçek şu ki, sevgi olmayan her şey şiddettir. Nitekim, soyutlanma sevgisizlik demektir. Kişi kendi ego kabuğuna çekilince ve sadece kendi kişisel istekleriyle ilgilenince sevgi azalır, bencillik artar ve şiddet patlar.

Bütün filmlerde şiddet sahneleri var çünkü şiddet hayatın bir parçasıdır. Şiddet sahnesi insanı hayvani düzeye indirir ve şimdi ile geleceği unutturur. Eğer her bir insan içindeki şiddetin bilincinde ve farkında olursa, bu şiddet denilen illeti merhamet denilen nimete dönüştürebilir.

Her ne kadar paradoksal görünse de hainlikten en çok zarar gören kişi, hainin ta kendisidir. Çünkü hainlik yapan kişi ya intihar eder ya da yaşayan ölü olarak hayatını sürdürür. Yani bir hainin hayatta kalması imkânsızdır.

Bir hainin kendini asarak intihar etmesinin altında nasıl bir psikoloji yatmaktadır? Pişmanlık ve suçluluk psikolojisi! Her hain hainlik yaptıktan sonra pişman olur ve "Keşke yapmasaydım." der.

Suçluluk hissinden acı çeken hain, kendini asarak bu suçun üzerinden atılacağını düşünür. Çünkü asılan beden hızla aşağı iner ve sonra aniden durur. Bu ani duruş, bedenin üzerinde olanların aşağı düşmesini sağlar.

Her hain bir süre sonra yaptığı hainlikten nefret etmeye başlar. Hainin ona iyilik yapanlara karşı olan nefreti kendisine döner. Bir hain, tıpkı bir akrep gibi sıkışınca kendisini sokar ve intihar eder.

Bu kitapta anlatılan hainlik psikolojisi, insanlığı hainlikten ve hainlerden korumak için sunulmuştur. Artık sırdaşına, arkadaşına, yoldaşına, meslektaşına, vatandaşına vb. ihanet eden hainler, bunu kolay kolay yapamasınlar!

Bu kitabı okuyan herkes çeşitli nedenlerle herhangi bir hainlik türüne uğramış ve hainliğin neden olduğu acıları çekmiştir. İşte bu yüzden, hainliğe bir daha uğramamak ve aynı acıları tekrar çekmemek için bu kitabı başucu kitabı yapmanız gerekir.

Kadın Psikolojisi, "kadın" denilen canlı varlığın duygu, düşünce ve davranış biçimlerini incelemekte, ifade etmekte ve açıklığa kavuşturmaktadır. Bu kitapta, "kadın" olarak adlandırılan dişi insanın fiziksel, zihinsel, duygusal ve ruhsal yönlerinin nasıl şekillendiği ve psikolojik yapısının nasıl oluştuğu açıklanmaktadır.

Bir kadını anlamak hem zor hem de kolaydır; bazen ise imkânsız. Kadını nesneye indirgemiş ve ön yargılarla şartlanmış kişi, bir kadını asla ve asla anlayamaz. Bir kadını doğru anlayabilmek için bireyin asırlarca oluşmuş ön yargılardan özgürleşmesi gerekir.

Kadın psikolojisini anlamak çok zordur! Çünkü çoğu kadın kendi psikolojisini bile anlamıyor, kaldı ki başkaları onu anlasın. Fakat bu kitapta sunulan bilgileri kullanarak hem kadınlar hem de erkekler kadın psikolojisini tüm çıplaklığıyla anlayabilecektir.

Bugüne kadar kadın psikolojisi hep erkeklerin bakış açısından ele alınmıştır. Dünyada ilk defa kadın psikolojisi bir erkek tarafından değil, bir ebedî ruhi varlık tarafından sunulmaktadır. Kadın psikolojisini gerçekten anlamak için birey erkek veya bir kadın gibi değil, erkek veya kadın bedenine sahip olan ebedî ruhi varlık gibi hareket etmelidir. İşte yalnızca o zaman birey kadın psikolojisini tüm ayrıntılarıyla idrak edebilir.

Bu kitapta erkek psikolojisinin nasıl işlediği derinlemesine incelenmektedir. İkili ilişkilerde özellikle erkeklerin psikolojik bakış açısı kadınlar tarafından anlaşılmıyor ve ilişkiyi zora sokuyor. O yüzden bu kitapta erkek psikolojisi tüm çıplaklığıyla masaya yatırılmaktadır.

Erkek psikolojisine dair merak edilen bütün konuların özü burada sunulmaktadır. Aslında çoğu erkek kadından ne istediğini gerçekten de bilmez ve bir robot gibi davranır. Çünkü içgüdülerinin ve onların neden olduğu duygularının farkında değildir.

Bu kitapta erkek psikolojisi her yönüyle ele alınmaktadır. Çocukluk, ergenlik, flört, evlilik, babalık, yaşlılık vs. dönemlerinde erkek psikolojisinin çalışma prensipleri açıklanmaktadır. Ama bu konuda en çok merak edilen kadınlarla iletişimdeyken meydana gelen erkek psikolojisidir.

Bir erkeğin ilişki içindeki davranışlarının ana nedeni temel içgüdüdür. Bugüne kadar erkek psikolojisi konusunda yazılanlar yeterli değildir. İşte bu kitap oluşmuş boşluğu dolduracak ve erkek psikolojisinin bilinmeyen yönlerine ışık tutacaktır.

Bu kitap, hem çocukların hem de yetişkinlerin psikolojisi için bir şifa olacak. Herkesin psikolojik temelleri çocuklukta atılır. Sen çocukluğunda, ne idiysen osun! Herkes kendi psikolojik dinamiklerini anlamak için çocuklukta şekillenmiş psikolojisine göz atmalıdır.

Çocuk bir öznedir ve bu özne kimileri için gelecek sigortası, kimileri için eğlence aracı, kimileri için nesillerin devamı, kimileri için evin direği, kimileri için ucuz işçi, kimileri için gelecekteki bir oy, kimileri için yasadışı işlerde bir alet, kimileri için siyasi bir araç kimileri için ise savaşlarda kurban edilecek bir asker vs.

Çocuk bir çiçektir ama doğadaki vahşi bir çiçek değil, serada özel bakıma ihtiyacı olan evcil bir çiçektir. Serada olsa da çiçek kendiliğinden açar. İşte tıpkı bunun gibi çocuktaki doğallık, kendiliğindenlik, saflık, sevinç, yaratıcılık vs. ebedi öz doğasının yankılarıdır.

Özellikle 0-6 yaş grubu çocuklar her şeyi merak eder ve durmadan sorular sorar. Ebeveynler bu soru yağmuru karşısında yetersiz kalır veya geçiştirme cevaplar verirler ya da soruları yanıtlamazlar. İşte bu durumda bireyler en doğru cevapları bu kitaptan öğrenebilir.

Bu kitapta suçluluk duygusu bilişsel psikoloji kapsamında değerlendirilmektedir. Suçluluk, sosyal bir duygu olarak sınıflandırılmaktadır. Bir insan toplumdan dışlanma tehlikesiyle karşılaştığında suçluluk hisseder ve bu aslında kişiye verilen fizyolojik bir cezadır.

Suçluluk duygusu bencillik maratonunu engelli koşuya dönüştürürse kişi düşünmek için zaman kazanır ve bencillikten vazgeçebilir. Gerçekten de negatif bir duygu olan suçluluk duygusu insanı tekamül yoluna yönlendirebilir.

Aslında en büyük yara suçluluk duygusunun kendisidir ama bununla birlikte suçluluk duygusu geçmişte oluşmuş yaraları deşer. Yani suçluluk duygusu hem yara hem de yara deşicidir. İşte en kötü olan tarafı da budur!

Suçluluk duygusu doğru şekilde, doğru kelimelerle ifade edilince farkındalık güneşi doğar ve suçluluk buzlarını eritir. Bu, insanın hayatında devrimsel bir değişime neden olacaktır çünkü kişi artık suçluluk duygusunun kölesi olmayacaktır.

Uçsuz bucaksız bir çölde kaybolmaktır depresyon. Depresyon çölündeki insan evin yolunu bulamaz ve güçsüz düşene kadar dolaşır. Bir yol arıyor ama bulamıyor ve umudunu kaybederek bu çölden hiçbir zaman kurtulamayacağına inanıyor.

Depresyon insanı çileden çıkaran, onun zihnini bulandıran ve hayatını mahveden bir ziyaretçidir. Aslında çocuklar da depresyona girer ama bunun tam da ne olduğunu bilmedikleri için depresyonu gidermeden ona ayak uydurmaya çalışır veya intihar eder.

Depresyonlu insan geçip giden hayata bazen gülümser ama daha çok ağlar. Değişmek istemeyenler için ve değişime direnenler için depresyon yıllarca sürebilir. Kimse depresyonda olan insana nasıl davranacağını ve nasıl davranmayacağını bilemez.

Nereden bilebilir ki? Kimse kimseye bunu öğretemez. İnsanlar diğer insanları nasıl depresyona sokacağını bilir ama nasıl depresyondan çıkaracağını bilemez. Zira depresyon tamamen kişisel bir deneyimdir.

İnsanlar ne yaparsa yapsın, stressiz yaşama yaklaşamıyor ama her geçen gün strese daha da yaklaşıyor. Zira basit bir trafik sıkışması herkesi strese sokuyor. Strese sokan çok, çıkaran yok.

"İnsan" denilen fenomenin kendisi bir hastalıktır. İnsan stresin ta kendisidir. Zira insan bir stres yumağıdır. İnsan hastalanır çünkü insan hastalık kaynağıdır. Tıpkı bunun gibi insan strese girer çünkü insan stres nedenidir.

Negatif stresi pozitif strese dönüştürmek için kişi stres dolu bir durumla karşılaştığında çekinmemeli ve sakinliğini kaybetmemelidir. Birey strese neden olan duruma zekice yaklaşmalı, onu dikkatlice incelemeli, elinden gelen her şeyi yapmalı, içine dalmalı, sonuna kadar gitmeli ve onu yenmelidir.

Aslında sonsuz olan asla stres yapmaz, stres yapan sonludur. O yüzden insan şimdinin akışında kalırsa stressizliğe ulaşır. Geçmişi ve geleceği düşünen asla şimdide olamaz. Zira kişi geçmişten geleceğe gider ve şimdiye ulaşamaz çünkü şimdiyi ıskalar.

Bağımlılık konusundaki en tehlikeli ifade: "Bir kereden bir şey olmaz!" cümlesidir. Gerçek hayatta bir kibrit bir binayı, bir kurşun bir yaşamı, bir bomba bir köyü, bir darbe bir devleti, bir madde de bir insanı bitirebilir.

Birey, insan olma yolculuğunda yaşam okyanusunun kıyısına vardığında serinlemek için bir avuç okyanus suyu alır. O su parmaklarının arasından akıp gider. İşte tıpkı o su gibi hayat da insanın parmakları arasından akıp gider – doğumdan ölüme kadar.

Hayatla birlikte insanın parmakları arasından değer verdiği her şey ve bağımlılıklar da gider. Bir bağımlı, parmaklarının arasından akıp giden bir avuç hayat için yaşar ve acı çeker. Oysaki tekâmülcü yaşam suyunun kaynağı olan varoluş okyanusu için hayatını sürdürür. İşte bunu bilen bağımlılık gerçeğini bilir.

Bağımlılık bir insanın zafiyetidir. Bu sorun bireyin iradesi ve kararlılığı ile çözülebilir. Ama görünen şu ki kimse destek almadan bağımlılıktan gerçekten kurtulamıyor. İşte bağımlılıktan kurtulmanın en etkili yolu Değişim Sanatıdır.

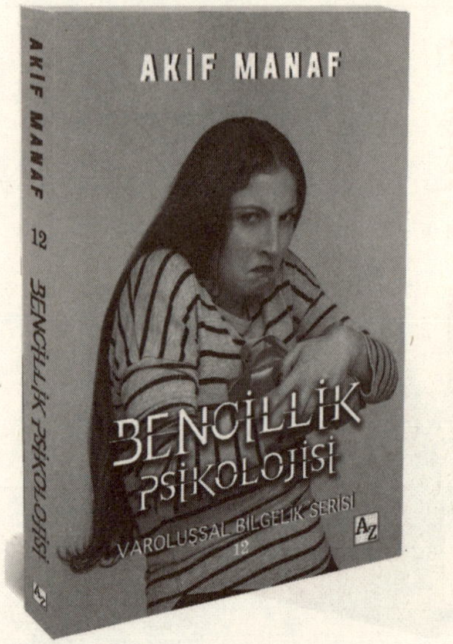

Her insanın hayatında şu iki gün çok önemlidir: Rahimden kurtulup bencil olduğu gün ve bencillikten kurtulup özgür olduğu gün. Bu önemli günlerden birincisi herkes için geçerlidir fakat ikincisi yalnızca aydınlanmış insan için geçerlidir.

Yüz insanın yaptığını bir insan yapamaz ama gel de bunu bencillik içinde debelenen kişilere anlat – anlatamazsın. Neden acaba? Çünkü bencil insanın sosyolojik bir vizyonu yok. O, toplumsal açıdan körlüğe mahkûmdur çünkü başkalarıyla ilgilenmez sadece kendini düşünür.

Senin bedeninde bencillik bir saltanat kurar ve tahta oturur. Bencillik o tahtan sana emirler yağdırarak senin de bir taht edinmeni ister: Servet, şöhret, kudret vs. tahtı. İnsan bütün hayatını bu tahtlara oturmak için harcar ama sonuç olarak kendisini mezarda bulur. Ne hüzün dolu bir sonuç!

Şayet insan ölüm kokan tahtlardan inerse bencillik kendisi için kurduğu tahtan aşağı yuvarlanır ve bencilliksiz hâl gerçekleşir. Bu, gerçekten de bütün tahtlara değer çünkü bireye varoluşun bütün armağanlarını bahşeder.

Gerçek şu ki değersizlik duygusu, insanın aile ilişkilerinden ve ebeveynin yetiştirme tarzından kaynaklanan psikolojik bir sorundur. Bu duygu insanın öz güvenini sarsar ve onu mutsuz eder.

Değersizlik duygusu herkeste mutlaka vardır ama genelde bastırılarak göz ardı edilir. Bazıları bu duyguyu örtbas etmek için kendilerini herkese ispatlamaya çalışır. Üniversite üzerine üniversite okumak ve akademik kariyer yapmak gibi eylemlerin altında değer kazanma hırsı yatar.

Değersizlik duygusunun temel sebebi cahil ebeveynlerin kontrolcü tavırlarıdır. Bu duygunun başlangıcı ebeveynlerin çocuklarını yetiştirme tarzından gelmektedir. Zira onlar da kendi ebeveynleri tarafından değersizleştirilmiş; şimdi de onlar kendi çocuklarını değersizleştirir.

Kendini değersiz gören insan bir yandan değer kazanmak için uğraşır, diğer yandan da önemsenmeyince üzülür. Bu iki yönlü dinamik değersizlik algısının pekişmesine neden olur. Buna dışsal stres de eklenince değersizlik duygusunun açığa çıkışı tetiklenir.

Dünyevi insan ego merkezli yaşar yani her şeyi egosunu tatmin etmek için yapar. Herkes her gün defalarca "ben" der ama buna rağmen "ben"in kim olduğunu dahi bilmez ve varoluşsal teslimiyet içinde olmazsa asla da bilemez.

Kendisini tekâmüle adamış insan teslimiyet gerçeğini ebedî özünden saçan ışıkta görebilir. Zira insan, mutlak teslimiyet olgusunu kendi içinde uyandırmalı ve teslimiyet ışığını takip ederek teslimiyetin zirvesine ulaşmalıdır.

Teslimiyet sayesinde birey varoluşla aşk yaşayabilir. Bu, tamamen metafizik bir deneyimdir. Aşk dünyevi olsa da dünyevi teslimiyete yol açar ve teslimiyet dünyasal olsa da varoluşsal teslimiyete neden olur; yeter ki insan samimi olsun.

Varoluşsal aşk ve teslimiyet dünyasal yaşamın ölümüdür. Yaşam zaten varoluşsal teslimiyet içinde olmayan herkesi öldürür. Yalnızca varoluşsal teslimiyet içinde olanı öldüremez çünkü o ebedî özüne merkezlenerek ölümsüzlüğünü kazanmıştır.

İnsan evladı kendini öldürebilir veya yaşamaya devam edebilir. Aslında her gün herkes buna karar vermektedir: "Yaşamaya devam mı, tamam mı?" Bazıları yaşaması mümkün olmasına rağmen ölmeyi seçer, bazıları ise kendini öldürmesi mümkün olmasına rağmen yaşamayı seçer.

Gerçek şu ki intihar bir çöldür, intiharcı ise bu uçsuz bucaksız intihar çölünde acılar içinde dolaşan ve çözüm bulamayan bir azap yolcusudur. İntihar çölünde dolaşan insan başkalarının kalbine zalimlik tohumları eker çünkü o kendine karşı zalim olmaktadır.

Her insan bünyesinde hem yapıcı hem de yıkıcı dinamikler mevcuttur. Canlı varlık, cansız bedene can vererek hayata getirir. Sonuç olarak insan bünyesinde canlanmış bedenin canını alarak tekrar cansız hâle getirme dürtüsü bulunmaktadır.

Gerçek şu ki intihar bir zihin kurgudur. Zira zihin intihar sahnesi kurar, bir intihar senaryosu yazar ve bir intihar oyunu sergiler. İnsan zihnin bu intihar oyununa gelirse eninde sonunda intihar edebilir.

İnsanlık tarihinde ilk defa bu kitapta "Rüya nedir?" sorusuna kesin ve tatmin edici yanıtlar sunulmaktadır. Rüya konusu insanlarda her zaman ilgi ve merak uyandırmıştır çünkü herkes her gece rüya görmekte ama bunun tam da ne olduğunu bilmemektedir!

Bugüne kadar saklı tutulan rüya gizemi açıklanmazsa insanlar kendilerine daha çok zarar verecek ve farkında olunmayan tehlikeler ortaya çıkacaktır. İşte bu kitabın amacı, rüya gizeminin insanlığın hazır olduğu kısımlarını açıklamaktır.

Şayet bir insana rüyasında gelecekle ilgili bir bilgi veriliyorsa bu yoktan ortaya çıkmış bir gelecek bilgisi değildir. Peki, bu gelecek bilgisi nereden ortaya çıkmaktadır? İnsanlık tarihinde ilk defa bu sorunun yanıtı bu kitapta paylaşılmaktadır.

Peki, bir rüyada geleceği görmeyi sağlayan şey nedir? Asırlardır insanlar bunu merak etti ama doyurucu bir yanıt bulamadı! İşte bu kitapta bu en çok merak edilen soruya doyurucu ve bilimsel yanıt verilmektedir.

Bu kitapta insanlığa vicdan konusunda yepyeni bir paradigma sunulmaktadır. Nedir bu yepyeni paradigma? Dünyasal vicdan ve varoluşsal vicdan paradigması. Yani doğuştan herkeste var olan varoluşsal vicdan ve sonradan oluşturulan dünyasal vicdan!

Herkesin sahip olduğu dünyasal vicdana "sahte vicdan" diyoruz ve tekâmül sayesinde tezahür eden varoluşsal vicdana "gerçek vicdan" diyoruz. Bu iki tür vicdana sadece insan sahip olabilir çünkü yalnızca insan tekâmül edebilir.

Dünyevi vicdan, zavallı insanın içinde durmadan havlayan bir "köpektir". Bu köpek küresel toplumun çıkar gruplarının havlayan köpeğidir ve kişi çıkar gruplarının dayattıklarına göre hareket etmezse köpek ısırmaya başlar.

Gerçek şu ki vicdan hücresinin anahtarı bireyin kendi cebindedir ama kişi onu nasıl kullanacağını bilmez. Bu hücrenin tuğlaları dayatmaların toprağıyla pişirilmiş, parmaklıkları ise beyin yıkamanın demiriyle örülmüştür.

Bu kitapta insanlık tarihinde ilk defa irade konusunda yepyeni bir paradigma sunulmaktadır! Peki, nedir bu yepyeni irade paradigması? Egodan beslenen, sınırlı güce sahip olan dünyasal irade ve ebedî özden beslenen, sınırsız güce sahip olan varoluşsal irade.

İnsan evladının davranışlarını ve edimlerini izah etmek için irade işleyişini anlamak son derece önemlidir. Bu kitapta irade fenomeninin gizemi, bilinmeyen mekanizmaları, işleyişi ve insan hayatına etkileri açıklanmaktadır.

İnsanlık tarihinde ilk defa iradenin sınırsız bir güce sahip olabileceğine dair gerçek bu kitapta açıklanmaktadır. Bir insan hedeflerine ulaşamadığında ona iradesinin sınırsız ve tükenmez potansiyele sahip olabileceği söylenmelidir.

Bu kitapta insanlık tarihinde ilk defa irade ile zekâ olgularının tamamen farklı iki insan yetisi olduğu kanıtlanmıştır. Zekâ karar verme merci, irade ise zekâ tarafından verilmiş kararın icra edilme mercidir.

Bu kitapta insanlık tarihinde ilk defa sadakat konusunda yepyeni bir paradigma sunulmaktadır! Peki, nedir bu yepyeni sadakat paradigması? Bedensel köleliğe neden olan dünyasal sadakat ve ruhsal özgürlüğe neden olan varoluşsal sadakat.

Dünyevi sadakat herkeste var çünkü küçük çocuk onu yetiştirenlere sadakat göstermezse hayatta kalamaz. Yani dünyevi sadakat hayatta kalma dürtüsünden kaynaklanır ve bir ölüm kalım meselesidir.

Varoluşsal sadakat ise yalnızca tekâmül yolunda insanın ebedî özünden tezahür eder. Ebedî özde saf sadakat ebediyen bulunmaktadır ve ebedî bilinçli ruhi varlık maddi evrene geldiğinde bu sadakati unutmaktadır.

Bu kitapta yola sadakat duygusunun tanımı ortaya konulmaktadır. Sadakat, yolun fırsat ve çıkarlarını tamamen ön plana çıkarır. Tekâmül yoluna olan sadakat, yola karşı oluşan güçlü bağların sonucu olarak meydana gelmektedir.

Bu kitapta sadece affetme sanatı değil, affetmenin ötesine geçmek ve daha fazlasına sahip olmak için araçlar sunulmaktadır. Bu affetme yolculuğunda sunulan bilgelik hem anlama kapasitesini hem de zekâ gücünü artırmaktadır.

İnsanlık tarihinde ilk defa affetmenin sadece bir alternatif veya bir seçim olmadığını sunmaktadır bu kitap. Bir insan hayatta kalmak için affetmek zorundadır çünkü aksi takdirde fiziksel, zihinsel, duygusal ve ruhsal sağlığın çöküşü kaçınılmazdır.

Bir insanın hatalarından ders çıkarıp değişmesi için affetmek cezalandırmaktan veya intikam almaktan daha etkilidir. Zira affetmenin son derece güçlü ıslah edici bir yönü vardır. O yüzden affedicilik hem bireysel hem de toplumsal açıdan çok önemlidir.

Asırlardır insanlık zoraki bir şekilde affetmeyi önerdi ve bunda tamamen başarısız oldu. Tekâmül yolundaki yaklaşım farklıdır. Birey tekâmül ederek farkındalığın ışığını yakar ve bencilliğin karanlığını yok eder; işte o zaman affetme güneşi kendiliğinden ortaya çıkar.